Desafios e Estratégias na Pós-Graduação

uma conversa necessária

Este trabalho foi realizado com apoio da FAPERJ – Fundação Carlos Chagas Filho de Amparo à Pesquisa do Estado do Rio de Janeiro, com Bolsa de Bancada para Projetos, no âmbito do Programa Jovem Cientista do Nosso Estado E-26/201.356/2021 (Brasil).

Este trabalho foi financiado por fundos nacionais através da FCT - Fundação para a Ciência e a Tecnologia, I.P., no âmbito do Projeto UIDB/04521/2020 (Portugal).

Desafios e Estratégias na Pós-Graduação

uma conversa necessária

ORGANIZAÇÃO
Bruna Canellas
Igor Valentim
Marlana Moreira
Millena Quadros
Suziane Gonçalves

ComPassos Coletivos
2022

ComPassos Coletivos
livros@compassoscoletivos.com.br
Rio de Janeiro | Brasil

Conselho Editorial
Profª. Drª. Daniele Maria Oliveira de Jesus (Australia)
Prof. Dr. Igor Vinicius Lima Valentim (Brasil)
Prof. Dr. José Maria Carvalho Ferreira (Portugal)
Prof. Dr. Paulo Roberto da Silva (Brasil)
Prof. Dr. Ricardo Luiz Pereira Bueno (Brasil)
Profª. Drª. Simone Torres Evangelista (Brasil)

Primeira edição: julho de 2022
Imagem na capa: @Bianca Ackermann no Unsplash.com

Trechos deste livro podem ser reproduzidos, desde que seja citada a fonte e que isso aconteça sem finalidade comercial e/ou lucrativa. Para a reprodução do livro completo é necessária a autorização da editora.

Catalogação na Publicação (CIP)

C221d

Desafios e estratégias na Pós-Graduação: uma conversa necessária / Bruna Garcia da Cruz Canellas, Igor Vinicius Lima Valentim, Mariana Maia Moreira, Millena Cristina Areas Soares de Quadros, Suziane de Oliveira dos Santos Gonçalves (organizadores). - Rio de Janeiro: ComPassos Coletivos, 2022.

108 p.

Inclui referências, índice remissivo e informações sobre os autores.

ISBN (edição impressa): 978-65-991339-7-8
ISBN (edição eletrônica EPUB): 978-65-991339-8-5

1. Educação Superior 2. Universidade 3. Pós-Graduação 4. Sociologia da Educação I. Título.

CDU 378.046.4

SUMÁRIO

9   **Desconstruindo para construir**

15   **A opacidade de um sonho:**
ou sobre a experiência de perder a razão
Roberto da Silva Rodrigues

27   **A Pós-Graduação como experiência de**
(trans)formação e ressignificação da existência
Samanta Borges Pereira
José Kennedy Lopes Silva

41   **O caminho até o Sul do país:**
relatos de uma mestre e seus desafios
Giovanna de Oliveira dos Reis

47   **Relato de uma experiência**
de (trans)formação e (re)existência
Larissa da Silva Conceição

59   **Relações colaborativas entre discentes:**
uma alternativa para superar o modelo de
orientação mestre-aprendiz
Caian Cremasco Receputi

73   **Prazeres e dores de um evento não convencional:**
ecos e efeitos de lidar com temas polêmicos
Bruna Garcia da Cruz Canellas
Érika Guimarães Ferreira
Igor Vinicius Lima Valentim
Mariana Maia Moreira
Millena Cristina Quadros
Suziane de Oliveira dos Santos Gonçalves

89   **Índice Remissivo**

101   **Sobre os autores**

Desconstruindo para construir

Este livro não começa aqui. Ele é fruto de um movimento gestado coletivamente, a partir das inquietações de sujeitos inseridos na Pós-Graduação Stricto Sensu (Mestrados e Doutorados) dispostos a refletir sobre os desafios que perpassam o ambiente acadêmico e as estratégias mobilizadas para enfrentá-los.

A Pós-Graduação é um ambiente recheado de prestígios, realizações, alegrias e encontros. No entanto, há também a dimensão dos medos, das frustrações, desistências, doenças físicas e psíquicas - assuntos pouco evidenciados. Afinal, quem está disposto a falar sobre dores e temas polêmicos? Em alguns momentos as discussões parecem pouco propositivas no sentido de que sejam debatidas formas de lidar com os desafios enfrentados. Reclamar é importante, mas pensar em formas de superar o que se vive também o é!

Quais desafios as pessoas vivem em Mestrados e Doutorados? Que estratégias constroem para lidar com eles? Estas inquietações foram o impulso que nos levou à organização de um evento: um espaço de troca, de desabafo, de conversa, de escuta e de aprendizagem coletiva. Um encontro onde estudantes, professores e pessoas imersas na Academia pudessem construir um ambiente provocativo e acolhedor, um terreno de debates sobre experiências, desafios e estratégias. Assim, o "**Estratégias na Pós**" começava a ganhar corpo.

De antemão, sabíamos que não seria fácil olhar para esses assuntos, pouco discutidos e bastante polêmicos. Primeiro porque não queríamos que o evento fosse um muro de lamentações; segundo porque sabíamos que ao tratar de assuntos sensíveis poderíamos sofrer algumas sanções e até mesmo retaliações. Apesar disso, fomos adiante e fizemos reuniões para decidir em conjunto, de forma horizontal, o formato do evento.

Com a pandemia da Covid-19 em alta no Brasil, no início de 2021, decidimos que seria um evento online, tanto por razões sanitárias, como para poder ampliar o alcance de público. Em um país continental como o Brasil, este é um aspecto muito significativo.

Optamos por realizar o evento de maneira totalmente gratuita. Não havia taxas para submeter trabalhos e seu site foi hospedado em um provedor gratuito na internet. Todos esses movimentos serviram para desconstruir um pouco do discurso comum de que para realizar um evento é necessário dinheiro. É claro que, em uma dinâmica presencial, os recursos financeiros são muito importantes, para questões que vão desde o convite a participantes/palestrantes até mesmo um singelo café a ser disponibilizado. Entretanto, ainda é possível realizar algumas coisas utilizando ferramentas gratuitas.

E de uma coisa sabíamos: **a proposta não era só fazer uma discussão teórica sobre a Pós-Graduação. O nosso interesse estava nas experiências: quais as estratégias utilizadas para lidar com os desafios vivenciados em Mestrados e Doutorados?**

Sugerimos alguns temas para discussão. Vimos que, do lado dos alunos, há desafios enormes desde a aprovação na seleção de entrada, durante os anos de curso, até a elaboração e defesa do trabalho de conclusão. Do lado dos professores, há desafios relacionados ao credenciamento em um Programa de Pós-Graduação Stricto Sensu, questões de produtividade, orientação e relacionamentos, entre outras. Do lado dos técnicos, há desafios relacionados a colegas, alunos e professores, nas mais diversas relações.

Durante as reuniões de organização do evento discutimos sobre a construção do site, formato dos resumos, cronograma, vídeo-teaser de apresentação, aplicativo a ser usado para transmissões online, entre outros aspectos.

Para fugir da dinâmica tradicional em que um expositor fala e um público ouve, definimos que as submissões de trabalhos aconteceriam em duas etapas. Primeiramente, os participantes interessados submeteriam um resumo com até 500 palavras. Após avaliação desse por parte da comissão científica, os autores dos resumos aprovados elaborariam um vídeo, com até 10 minutos de duração, apresentando o seu trabalho.

Após o recebimento dos links para os vídeos, assistimos à totalidade dos materiais. Observando aquilo que os textos e vídeos despertaram em nós, agrupamos em sessões aqueles que se conectavam. Decidimos organizá-los em cinco temas gerais: Adaptação, Relações Acadêmicas, Resiliência, Produtividade e (Re)existência. Isso porque percebemos pontos de contato entre os textos e vídeos dos trabalhos, fosse pelos assuntos desenvolvidos, fosse pelas escolhas estéticas mobilizadas.

Os links de acesso aos vídeos seriam disponibilizados a todos os inscritos no evento com um mês de antecedência, para que todos pudessem assistir às apresentações e levar perguntas, dúvidas e questões para as sessões de trabalhos ao vivo durante o evento. Ou seja, o momento "ao vivo" no encontro não teria apresentações: seria destinado às trocas, a construir pontes e aprofundar questões de interesse.

Organizamos o evento em: sessão de abertura, sessões de trabalho, performances, mesa redonda e debate aberto. Recebemos inscrições do Sudeste, Nordeste e Sul do Brasil, bem como de uma universidade estadunidense. No total, tivemos 35 submissões de trabalho e 22 vídeos de apresentação.

As experiências trazidas pelos pesquisadores presentes nas sessões de trabalho evidenciaram não só a pluralidade de desafios vividos, mas também a flexibilidade nas formas de lidar com os mesmos. Presenciamos uma troca ampla e profunda, na qual muitos pontuaram suas dúvidas em torno dos vídeos assistidos. Foram momentos de identificação, partilha, mas também de discordância e estranhamento - o que se espera de um ambiente dialógico e diverso. Dessa forma, conseguimos conectar pessoas que viveram desafios no Mestrado e no Doutorado, de diversas regiões do país, criando conexões e partilhando estratégias.

Após a finalização do evento, discutimos a respeito de tudo o que aconteceu ao longo dos trabalhos e o quanto isso foi rico e raro. Nos emocionou. Nos atravessou. Nos provocou. Sentimos que gostaríamos de continuar as conversas travadas no evento. Consideramos que essas discussões poderiam contribuir para outras pessoas. Gostaríamos de valorizar e ampliar as discussões de assuntos pouco tratados na academia.

Decidimos que um livro poderia ser uma ferramenta interessante para caminharmos nesse propósito. Convidamos alguns dos participantes para escreverem textos relacionados ao tema do evento.

Temos plena consciência de que o aceite dos autores e das autoras em construírem esta obra conosco foi um ato de extrema coragem, ousadia e resistência. Uma sensação mista de gratidão e alegria pela construção coletiva.

A seguir, trazemos uma breve descrição do que os leitores encontram nos textos de cada um e cada uma.

Não há melhor forma de abordar a potência do texto de Roberto do que com suas próprias palavras: "É a história de alguém que viu seu sonho tornar-se pesadelo e novamente ser reconduzido à posição de sonho, a figurar-se como um farol orientando os passos". Em seu texto, Roberto conta seus desafios e as estratégias que foi construindo para concluir um curso de Mestrado. Por meio de um relato potente e emocionante, o autor convida a reflexões muito importantes sobre o que queremos e como planejarmos aquilo que desejamos.

Pesquisar algo que faz sentido para si! Viver uma vida com sentido para si! Na prática, no corpo, nas atitudes. As experiências de Samanta e Kennedy são contadas de forma muito sensível, com trajetórias distintas que se encontram em um único texto. Essas vivências que se conectam falam sobre pesquisar, escrever e ajudam a pensar sobre como lidar com desafios durante a formação acadêmica e, principalmente, sobre como agir em prol daquilo que desejamos.

Giovanna conta sua trajetória desde a escolha do Mestrado até seus desafios e estratégias para cursá-lo. Como construir caminhos para fazer o que se gosta e o que se deseja? Como lidar com a solidão? Como construir alternativas para expandir a rede de contatos e a socialização? Pelas estradas de sua vida e do próprio Brasil, a autora convida a um mergulho tão intenso que conseguimos viver com ela essa história de transformações e adaptações. Um texto que nos inspira a buscar aquilo que de fato desejamos, apesar das dificuldades existentes.

Larissa aborda a subjetividade a partir da sua trajetória "transformativa", como ela mesma nomeia. Seu texto toca de forma muito particular nos estranhamentos de falar de si na escrita, na forma como se enxerga, nas relações em sua caminhada e até mesmo nas dúvidas que ela tem sobre a universidade ser o seu local de fato.

A partir de suas experiências em um Programa de Pós-Graduação, Caian discute a potencialidade das relações colaborativas entre discentes, apontando novos caminhos de construção desses laços. Temas como solidão, sofrimento e adoecimento são mencionados para dar luz a assuntos muitas vezes ocultados.

Por fim, resgatamos o material bruto da mesa redonda, apresentada ao final do evento, intitulada Prazeres e dores de um evento não convencional: ecos e efeitos de lidar com temas polêmicos. A partir desse material, por meio de várias leituras, releituras, escritas e reescritas, construímos um texto que traz uma análise da nossa própria experiência ao organizar um evento polêmico e não-convencional. Boa leitura!

Rio de Janeiro, 25 de abril de 2022

Bruna Garcia da Cruz Canellas
Igor Vinicius Lima Valentim
Mariana Maia Moreira
Millena Cristina Quadros
Suziane de Oliveira dos Santos Gonçalves

1

A opacidade de um sonho: ou sobre a experiência de perder a razão

Roberto da Silva Rodrigues

Este capítulo retrata parte da minha história, meus relatos de experiência. É a história de um "fracasso", até certo ponto. Uma experiência de derrocada, quando olhada isoladamente, mas, em conjunto, em uma perspectiva de longo prazo, do fracasso se fez o júbilo. Falarei sobre escolhas que fizeram entrar em rota de colisão com meus objetivos iniciais. É a história de meu primeiro surto psicótico, no ano de 2014, enquanto cursava o mestrado, experiência que carrego na bagagem da vida, como as marcas de uma nova identidade adquirida. Dificuldades e desafios enfrentados durante minha primeira tentativa de realização do curso de mestrado, a desistência após o surto psicótico e o posterior êxito na segunda tentativa de cursar uma pós-graduação stricto sensu. É a história de alguém que viu seu sonho tornar-se pesadelo e novamente ser reconduzido à posição de sonho, a figurar-se como um farol orientando os passos.

Neste relato, estão descritas algumas situações vivenciadas que, a meu ver, podem ter catalisado o desencadeamento de um surto psicótico. Impasses e desafios que foram enfrentados para que eu pudesse lograr êxito na realização do mestrado, em uma segunda tentativa. Para tanto, será divido em três atos: o primeiro ato trata da alegria de viver o sonho de cursar o mestrado por uma universidade pública e o modo como experienciei essa vivência; o segundo ato trata de como o sonho se tornou uma tormenta com um surto psicótico e; posteriormente, no terceiro ato, como pude viver a realização de finalmente concluir um mestrado, contribuindo com a humanidade por meio da produção do conhecimento.

1º Ato: vida acadêmica e entrada no mestrado

A minha vida acadêmica iniciou-se no ano de 2006, quando ingressei no curso de licenciatura em História, no Centro Universitário Toledo, na cidade de Araçatuba - SP. Fiz algumas tentativas de vestibular para universidades públicas - Unesp e Unicamp - e infelizmente não obtive sucesso. Portanto, a via mais acessível para cursar uma faculdade foi ingressar em uma universidade privada. Compreendo que em minha vida pude contar com alguns privilégios, como o apoio familiar para custear as despesas do meu primeiro ano do curso de História em faculdade particular. Infelizmente, nem todos os estudantes têm a mesma sorte. De todo modo, uma ideia me perseguia e deixava frustrado: a ideia de não ser competente o suficiente para passar em um vestibular para universidade pública.

Embora um ano de curso no Centro Universitário Toledo já tenha me possibilitado experiências enriquecedoras, como o contato com o âmbito teórico, com pesquisas históricas e, o mais marcante, com o movimento estudantil, apesar disso, a ideia de frustração me perseguia: imaginar que no Unitoledo eu não poderia vivenciar o grau de excelência e de experiências que o ensino público poderia me oferecer. Eu tinha duas opções: me conformar com a situação ou continuar perseguindo o sonho de cursar a universidade pública. Uma possibilidade, e talvez a opção mais racional, seria a tentativa de transferência de universidade, entretanto, havia em mim certa fixação na ideia de que precisava ser bom o suficiente para ser aprovado em vestibular para universidade pública. Pois bem, no final de 2006, realizei o vestibular da Universidade Estadual de Londrina, no estado do Paraná e, finalmente, consegui a desejada vaga em universidade pública. Um sonho realizado.

No ano de 2009, realizei concurso público para área da saúde do governo do estado do Paraná. Embora tenha sido um concurso com prova de relativa facilidade, por se tratar de nível fundamental, a ideia de ser servidor público, com estabilidade de emprego, ainda que fora da minha área de formação, me animava. No começo não me incomodava com o fato de ser um profissional de nível superior exercendo cargo público de nível fundamental, pois para mim era apenas uma fase (que já tem mais de dez anos). Assim, comecei a trabalhar em um hospital. O serviço era "puxado": lavava janelas, recolhia lixo hospitalar e roupas sujas, varria o pátio, lavava ambulâncias. Em síntese, eu auxiliava no serviço de limpeza. Foram cinco meses nessa rotina, depois mais cinco meses na portaria, para então ser alocado na farmácia, onde trabalho até hoje.

Quando terminei a graduação, em 2011, surgiu o pensamento sobre o que fazer daquele momento em diante. A ideia de cursar o mestrado pairava em minha cabeça, mas eu não me sentia à altura e preparado para uma pós-graduação stricto sensu. Foi então que cheguei à conclusão de que cursar uma especialização lato sensu seria uma etapa necessária, e depois pensar no mestrado. Foi o que fiz. Realizei o curso de especialização na área do patrimônio histórico, um pouco distante do que havia pesquisado no trabalho de conclusão de curso, que foi na área da história política. Minha vida, aos poucos, ia tomando os contornos de uma carreira acadêmica. Contudo, como pesquisador, possuía, e ainda possuo, algumas limitações.

O fato de não ter participado, durante a graduação, de projetos de iniciação científica e ter valorizado mais a política e o movimento estudantil, cobraram o seu preço: como pesquisador tinha limitações de método, entre outras. De qualquer forma, uma ideia que possuía, e ainda carrego comigo, é de que posso não ser bom o suficiente em algo, mas posso melhorar. E foi com essa perspectiva em mente que realizei o processo seletivo para o mestrado no final de 2012, obtendo a aprovação com um projeto de pesquisa na área da museologia e do patrimônio histórico. Era grandioso demais para ser verdade: estar cursando o mestrado, discutir teoria, fazer pesquisa, contribuir com o avanço do conhecimento histórico, sem dúvidas, fui tomado por um sentimento extasiante. Confrontar a ideia de que a vida acadêmica não era para mim com a realidade de estar cursando uma pós-graduação stricto sensu foi uma das maiores realizações da minha vida. Apesar disso, era consciente de que precisava evoluir como pesquisador, ser mais produtivo. Por exemplo, antes de entrar no mestrado, nunca havia participado de eventos científicos na condição de apresentador de trabalho. Sentia até certa inveja daqueles estudantes de graduação vinculados a projetos de iniciação científica, com trabalhos apresentados, artigos publicados. O fato é que minha realidade começava a mudar. Eis, então, que embarco nesse desafio, sem saber, a fundo, das exigências da nova condição.

2º Ato: desafios e crises no mestrado

A realidade de estar cursando o mestrado enchia meu coração de alegria, embora não tivesse, inicialmente, consciência de todas as demandas e desafios que estariam por vir. No final de 2012 participei do processo seletivo. A ideia era prosseguir com a mesma área de pesquisa desenvolvida na especialização lato sensu, com a mesma orientadora, portanto, na Universidade Estadual de Londrina. A preparação para o processo seletivo foi um tanto trabalhosa, li praticamente todos os livros apontados na bibliografia da linha de pesquisa para a realização da prova para ingresso e pude contar com a generosidade da minha orientadora que, gentilmente, emprestou-me alguns livros. O processo de seleção, em si, é uma grande jornada: avaliação do projeto de pesquisa, prova escrita, prova de proficiência até a classificação e resultado. Novamente pairava em minha cabeça certo sentimento de inaptidão para a tarefa à qual estava me projetando, ainda assim decidi continuar com o objetivo. Ao final do processo seletivo obtive o tão esperado resultado: aprovado e classificado. Nesse contexto terminava o ano de 2012, preparando-me para o tão emblemático ano de 2013.

O ano de 2013 representou agitação popular no plano político e de desafios no plano pessoal. Do ponto de vista político, ocorreram as jornadas de junho de 2013. Pela primeira vez na história dos 13 anos do governo petista no poder, existiu um contundente movimento de massas questionando o *establishment*. Os protestos de rua que sacudiram o Brasil tiveram início com as manifestações contra o aumento no preço da tarifa do transporte público na cidade de São Paulo e se espalharam feito pólvora, ganhando adesão e se estendendo para outras regiões do país. Mas o que de início mostrou-se como um movimento de reivindicações progressistas e populares acabou se transformando em protestos de caráter antigoverno popular contra o Partido dos Trabalhadores (PT). A esquerda perdeu a rua.

O país dava passos largos para mergulhar em uma de suas piores crises, que futuramente resultaria no impeachment de Dilma Rousseff. Esses episódios poderiam plenamente se desenvolver em um capítulo à parte e com outra temática, mas voltemos ao objeto de discussão.

    Assim, no ano de 2013, iniciava-se minha jornada em um curso de pós-graduação stricto sensu. Logo de início, um dos desafios foi a tarefa de conciliar os estudos com meu trabalho de servidor público no hospital. Como minha jornada de trabalho era de 40 horas semanais, em regime de plantão de 12x36, existia o recurso de a cada sete plantões realizados tirar um plantão de folga: foi o expediente que utilizei para frequentar as aulas. Na verdade, podendo contar com certa flexibilidade no ambiente de trabalho, nos dias em que eu tinha aula e estava escalado para dar plantão, eu trabalhava até as 13h, para então estar livre no período da tarde e conseguir frequentar as aulas. Assim foi durante todo o ano. Quanto a este fato, apesar de estar utilizando meia folga para estudar e realizar atividades acadêmicas, eu não me importava, pois fazer o horário especial, sair do trabalho mais cedo para frequentar as aulas, era como uma "alforria". De fato, sentia até certa satisfação. Evidentemente, meus companheiros de trabalho se incomodavam com a situação, por ter um funcionário a menos para cumprir a rotina de trabalho.

    Durante o mestrado algumas questões e demandas surgiram, como a necessidade de publicar resultados de pesquisas e participar de eventos acadêmicos. Experiências às quais, durante todo o meu período na graduação, não havia me dedicado. Foi apenas durante o mestrado, em 2013, sete anos depois de iniciar minha trajetória acadêmica, que participei do meu primeiro evento acadêmico como apresentador de trabalho. E foram dois eventos: o primeiro foi uma das edições do Encontro Internacional de Estudos da Imagem, na Universidade Estadual de Londrina; e o segundo uma das edições do Congresso Internacional de História, pela Universidade Estadual de Maringá. Uma situação curiosa, diga-se de passagem, é que o coordenador do simpósio temático do evento da Universidade Estadual de Maringá, futuramente, viria a ser meu orientador na referida universidade. A partir dessas primeiras participações em eventos acadêmicos, como apresentador de trabalho, evidenciava-se em minha mente uma das preocupações que nunca tivera antes, como a questão da produtividade acadêmica, despertando até um certo espírito de concorrência com os meus pares, sobre qual acadêmico era o mais produtivo. Evidentemente, trata-se de uma maneira um tanto empobrecida de vislumbrar a vida acadêmica, mas como o pós-graduando é um ser humano e os seres humanos não são feitos apenas de motivos nobres, eram preocupações que me causavam certa ansiedade.

O ano de 2014/2015: desistência do mestrado

O ano de 2014 foi marcado por escolhas que, posteriormente, se mostraram mal avaliadas, principalmente no âmbito profissional. Uma delas foi a decisão de mudança de setor no hospital onde trabalho, da farmácia para o almoxarifado. Tal escolha apresentou seus complicadores, pois como funcionário da farmácia exercia a escala de 12x36, trabalhava um dia e tinha o outro livre para me dedicar a produção da dissertação, enquanto no almoxarifado o trabalho era em horário comercial, com tempo livre apenas no período noturno e nos finais de semana.

Fica o questionamento: como pude decidir por uma mudança no trabalho que prejudicaria meu rendimento acadêmico? Em partes isso se deve a conflitos no próprio ambiente de trabalho da farmácia, o que acabou precipitando meu desejo de mudar de setor, somado ao fato de ter iniciado, também no ano de 2014, em um emprego na área de educação: uma experiência de quase dois anos com ensino superior EAD, na função de tutor a distância. Fase de grande aprendizado, em que pude experimentar sentimentos ambíguos. Por um lado, estava feliz com minha primeira vaga de trabalho conquistada na área da educação, ao mesmo tempo percebia as limitações de trabalhar com ensino a distância por uma grande empresa, sem muito poder fazer frente às limitações que se apresentavam nesta modalidade de ensino.

Tais modificações em minha vida, no âmbito profissional, acabaram se mostrando como complicadores, passei a lidar com muitas demandas ao mesmo tempo, e a necessidade de produzir uma dissertação era uma delas. Acredito que a soma de tais fatores, além de uma predisposição genética, colaboraram para o desencadeamento de um dos acontecimentos mais impactantes na minha vida: passar por um surto psicótico. Mal percebia que minhas escolhas me levavam ao "precipício", com a ilusão de estar em ascensão, tornando-me bem-sucedido, na realidade caminhava para uma das maiores crises da minha vida. Em dezembro de 2014, veio o primeiro surto: delírio persecutório, alucinações e por aí vai. Minha estabilidade emocional desabava com minha razão, não conseguia distinguir o que era realidade do que era fruto da minha mente, o sofrimento psíquico era enorme.

Hoje compreendo que o surto psicótico foi uma das formas que meu organismo encontrou para comunicar que pelo caminho que eu estava seguindo não seria possível continuar, mudanças seriam necessárias em minha vida, eu precisava fazer escolhas, abandonar alguns projetos e corrigir o rumo. Foi o que comecei a fazer a partir de 2015. No hospital pedi para voltar ao setor da farmácia, retornando ao regime de plantão. Na esfera acadêmica até tentei dar continuidade com as atividades do mestrado, mas tive que optar pela desistência. Tinha muita dificuldade para visualizar a minha continuidade em pesquisas na área do patrimônio histórico. Essa questão remete a importância de definir, de forma consciente, a área de pesquisa e, consequentemente, a atuação acadêmica e como uma escolha, pela motivação equivocada, pode se tornar um problema. Quando terminei a graduação, em 2011, havia produzido um trabalho de conclusão de curso na área da história política. Por uma questão de conveniência decidi fazer o curso de especialização na área do patrimônio histórico e museologia, que era uma das duas opções disponíveis (a outra era na área do estudo das religiões e religiosidades). Por isso, me pareceu como alternativa continuar a pesquisar na área do patrimônio histórico no mestrado, contudo, sabia que pela minha história de participações em organização político-partidária, além da atuação no movimento estudantil, sinalizava como maior objeto de interesse a área da história política.

Naquele momento, a decisão de desistir do mestrado foi uma das escolhas mais difíceis que já tomei na vida. Embora tivesse consciência que a produção de uma dissertação naquelas condições seria inviável, passavam pela minha cabeça pensamentos e sentimentos de incompetência, temor de que poderia ficar malvisto entre meus pares no âmbito acadêmico, que minha vida perderia o sentido, dentre tantos outros. Ainda assim, optei por deixar o mestrado. Além desta decisão, no final de 2015, me desliguei das atividades com o ensino a distância. Mesmo feliz por conseguir um trabalho na área da educação, não era exatamente a estrutura de trabalho que eu imaginava exercer quando terminei a graduação. Na verdade, durante a graduação, cheguei a defender posicionamento contrário ao ensino à distância. De todo modo, o ano de 2015 foi um momento de abonar alguns projetos, para reorientar a rota de minha vida. Não consegui tomar estas decisões sozinho, precisei de ajuda psicoterápica, algumas doses de Olanzapina e Fluoxetina. O primeiro medicamento faço uso até os dias de hoje, já me acostumei com a ideia de que talvez eu venha a precisar da Olanzapina pelo resto da vida. Com a experiência dos surtos psicóticos também acabei retomando uma intensificação da vida religiosa: o conteúdo religioso foi um dos componentes de meus delírios, com visões que até hoje não sei bem explicar. Evidentemente algumas complicações surgiram: me via estabelecendo interrogações, se eu era um homem de fé ou um homem de ciência. Questionamento que carrego comigo até os dias de hoje.

3º Ato: aprovação, desafios e conclusão do mestrado pela UEM

Embora no ano de 2015 tenha desistido do mestrado e do projeto de pesquisa, na área do patrimônio histórico pela Universidade Estadual de Londrina (UEL), em minha mente era consciente que poderia e deveria fazer uma nova tentativa de realização do mestrado. O pensamento que me vinha era de ter fracassado, por não conseguir concluir o mestrado. Tal fato surgia como o fim da possibilidade de uma eventual carreira acadêmica. Então, ainda em 2015, comecei a pesquisar por programas de pós-graduação. Estava decidido a realizar uma nova tentativa de fazer um mestrado. Em julho de 2015, tentei o processo seletivo do programa de pós da Universidade Estadual de Maringá (UEM), localizada a cem quilômetros da cidade de Londrina. Nesse caso, foi uma tentativa para a área de história política, com temática relacionada ao que eu havia pesquisado no trabalho de conclusão de curso, durante a graduação. Infelizmente não consegui a aprovação. Contudo, estava decidido a tentar a aprovação nos processos seletivos outras vezes na mesma UEL e UEM.

Em julho de 2016, outro processo seletivo pela UEM, me preparei com mais afinco, li quase todos os livros da bibliografia da prova teórica, resumi os livros, elaborei um texto para o dia da prova e decorei. Talvez essa não seja a melhor alternativa para estudar para provas, mas decorar o texto se mostrou eficaz, tanto na prova do mestrado, quanto, futuramente, na prova do doutorado. E, finalmente, obtive o tão almejado resultado, na segunda tentativa consegui a aprovação e classificação no mestrado em História Política pela Universidade Estadual de Maringá.

Cursar o mestrado na UEM, em outra cidade, Maringá, representou inúmeros desafios. Posso dizer, inclusive, que mais desafios que se tivesse realizado na cidade de Londrina, onde tenho residência fixa. Um dos desafios diz respeito ao fator deslocamento, como tive que conciliar trabalho e estudo. Com aulas três dias na semana era mais viável viajar de Londrina para Maringá uma vez por semana. Saía na quarta-feira de manhã para Maringá, assistia as aulas e voltava na sexta-feira, no final de tarde, para Londrina. Ficava hospedado por duas noites em um hotel de baixo custo no centro de Maringá, durante todo o curso não recebi bolsa de estudos, custeava o transporte, incluindo pedágio e gasolina; a hospedagem em hotéis; além das despesas com alimentação. Como meu carro já era antigo, tinha medo de pegar estrada e ter algum problema mecânico, então, no começo viajava de ônibus, depois perdi o medo e comecei a usar o meu carro para fazer o deslocamento. Havia mais alguns complicadores, para compensar os dias que me ausentava do trabalho tive que fazer plantões extras aos finais de semana, pois precisava completar a carga horária semanal de 40 horas.

Minha estratégia acadêmica, dessa vez, foi cumprir toda a carga horária necessária em disciplinas a serem cursadas, além de realizar toda a carga horária necessária em atividades extracurriculares, como participação em eventos e publicação de artigos. Algo curioso que me acontecera foi que, na metade do curso, me inscrevi para participar de um evento na cidade de Mandaguari, próxima a Maringá, na faculdade FAFIMAN. O evento aconteceria a noite, no dia chovia muito e fazia muito frio. Durante a tarde, viajei de Londrina para Maringá, pois precisava pegar alguns livros na UEM, depois, no final da tarde, peguei o carro rumo a Mandaguari. Por alguma razão, que não sei explicar, não usei o GPS pelo celular, felizmente consegui encontrar a faculdade a tempo de participar do evento e apresentar os dois trabalhos para os quais havia me inscrito.

A bem da verdade, do ponto de vista da crítica histórica, os textos que resultaram na publicação dos anais do evento supracitado não são algo a serem considerados de elevado destaque para contribuição historiográfica.

Em muitas situações acaba sendo comum o pós-graduando publicar mais por motivos de uma exigência regimental do que, efetivamente, apresentar resultados de pesquisa. Pelo menos comigo me defrontei com essa situação. Mas entendo que a qualidade dos trabalhos e da escrita vão sendo aprimorados com a experiência, sendo natural que ao longo da vida tenhamos publicado trabalhos com mais ou menos qualidade. Nesse caso, como era necessário passar pelo processo, lancei mão de dois trabalhos que havia escrito como requisito de avaliação de disciplinas do mestrado. Parodiando Lavoisier: na academia nada se cria, nada se perde, tudo se transforma.

E, restava, ainda, a etapa mais complexa, a fase do meio para o fim do mestrado, a qual eu não havia conseguido finalizar em minha primeira tentativa do mestrado: escrever a dissertação. Para isso eu precisaria de mais tempo livre, o que se tornava uma dificuldade, considerando as horas dedicadas ao meu trabalho no hospital. Então, usei um dos recursos que poderia ter acesso, uma licença especial de três meses, para avançar o máximo quanto podia na elaboração da dissertação, tempo também que pude me dedicar, exclusivamente, à escrita do manuscrito.

Considerações finais

Levando em conta a proposta do evento, o qual teve como uma das etapas a realização deste texto, visando discutir os desafios enfrentados e as estratégias utilizadas na pós, mestrado e doutorado, posso dizer que, como estratégia, foi necessário que em certo momento eu desistisse do mestrado, numa área que se mostrou pouco produtiva para minha trajetória, além disso, que eu também deixasse outros projetos nos quais estava envolvido, para reduzir o stress e a ansiedade, baixar a poeira no momento de crise, pensar na situação com mais calma e tentar, novamente, o mestrado, em uma linha de pesquisa que me sinto mais confortável para produzir.

A realização do evento e a possibilidade de colaborar com esse processo coletivo para mim representou uma oportunidade única, levando em conta que muitas vezes, ao longo de uma trajetória acadêmica pode ser que os sujeitos não tenham a oportunidade de trocar experiências sobre os desafios pelos quais passaram durante sua formação. Para o bem ou para o mal, algumas informações e experiências não são compatíveis de serem inseridas no currículo lattes. Quando recebi o convite para colaborar com uma produção escrita para o evento, a felicidade foi dupla: primeiro, por poder falar sobre as experiências de desafios que não são somente meus, mas comuns a muitos pós-graduandos; segundo, pelo fato de ao compartilhar minha experiência poder materializar-se nessa produção que de alguma forma, talvez, possa colaborar com outras pessoas que porventura venham a enfrentar os mesmos desafios e impasses.

De modo geral, entendo que minha experiência reforça a necessidade de políticas de incentivo aos profissionais estudantes, por exemplo, infelizmente, a licença especial remunerada não existe mais para os servidores do Paraná, expediente que em meu caso se mostrou extremamente necessário para que eu pudesse me dedicar com mais afinco à produção da dissertação enquanto estivesse afastado das atividades laborais. De todo modo, esse aspecto diz respeito a importância da luta de profissionais da educação e de estudantes na defesa dos interesses da educação, para impedir que conquistas históricas sejam retiradas por governos não empenhados com a causa da educação e, também, para que novos ganhos sejam alcançados para a sociedade, na área da Educação.

2

A Pós-Graduação como experiência de (trans)formação e ressignificação da existência

Samanta Borges Pereira
José Kennedy Lopes Silva

Pesquisar na pós-graduação não é apenas fazer uma dissertação ou uma tese. No texto final, registramos a pesquisa que realizamos, mas a experiência na pós-graduação vai muito além do produto entregue. A experiência de pesquisar é um processo atravessado por inúmeras relações - muitas vezes inéditas, imprevisíveis e surpreendentes: relações com colegas, com professores, com a leitura, com os sujeitos do campo. Algumas dessas relações são protocolares e passamos por elas porque precisamos passar - elas são meros acontecimentos. Outras nos marcam profundamente, nos transpassam e nos transformam. Para Bondía (2002),

> a experiência é o que **nos** passa, o que **nos** acontece, o que **nos** toca. Não o que se passa, não o que acontece, ou o que toca. A cada dia se passam muitas coisas, porém, ao mesmo tempo, quase nada nos acontece. [...]. Nunca se passaram tantas coisas, mas a experiência é cada vez mais rara (BONDÍA, 2002, p. 21, grifos nossos).

Muitas coisas se passam durante a pós-graduação e não temos tempo para pensar sobre essas experiências. O que aprendemos com ela, para além das teorias e dos achados de nossas pesquisas? O que aprendemos nas discussões em sala de aula, nas conversas com colegas e amigos, na relação com os professores, no processo de leitura, que nos tiram do lugar?

A experiência acontece na relação com o outro em nós, interpelando-nos, ferindo-nos, cativando-nos, transpassando-nos e nos transformando (BONDÍA, 2002). A ciência moderna desconfia das evidências de nossa experiência imediata (SANTOS, 1987) e do saber que dela emerge. Santos (1987) nos fala sobre a necessidade de voltarmos a perguntar sobre o valor do conhecimento considerado ordinário pela ciência – o conhecimento que criamos e usamos para dar sentido às nossas práticas e que a ciência insiste em desconsiderar.

Nesse sentido, nosso objetivo é recuperar os saberes de nossas experiências na pós-graduação, fazendo emergir alguns aprendizados e (trans)formações. Defendemos um outro olhar para compreender a pesquisa como experiência que não nos deixa imune, nos sensibiliza, nos transpassa e nos transforma – como pesquisadores, como sujeitos, como seres humanos.

Experiência 1: encantamento, desencantamento, reencantamento

Sou Samanta e considero a tarefa de escrever cientificamente muito difícil. Não são raros os dias em que acordo empolgada com a escrita, pensando "hoje vai", mas, quando me sento para escrever, não sai nada. Não é algo mecânico – você faz, tarefa feita. Apesar de não ser a única a passar dias vendo o cursor piscar e a não conseguir escrever nada que faça sentido, cada experiência ainda é única e alguns podem ter mais facilidade ou dificuldade com a escrita (ou com a leitura, ou com a organização do tempo, ou com as outras relações).

Não sei se tenho mais facilidade ou mais dificuldade, entretanto no meu processo, percebi que a música ou a literatura me ajudam a compreender e a dar sentido a alguns acontecimentos. A ciência nem sempre aceita a arte como forma de explicação da vida, mas aqui vou fazer uso dela. Vou usar um pequeno texto do Eduardo Galeano para tentar expressar como se iniciou minha experiência na pós-graduação.

> Diego não conhecia o mar. O pai, Santiago Kovadloff, levou-o para que descobrisse o mar. Viajaram para o Sul. Ele, o mar, estava do outro lado das dunas altas, esperando. Quando o menino e o pai enfim alcançaram aquelas alturas de areia, depois de muito caminhar, o mar estava na frente de seus olhos. E foi tanta a imensidão do mar, e tanto seu fulgor, que o menino ficou mudo de beleza. E quando finalmente conseguiu falar, tremendo, gaguejando, pediu ao pai: — Me ajuda a olhar! (GALEANO, 2002, p. 16).

Iniciei minha vida acadêmica em agosto de 2013, com a intenção de traçar um novo rumo para a minha vida profissional, que estava me fazendo morrer aos pouquinhos. Decidi fazer mestrado para ser professora, mas quando comecei a frequentar as aulas, a ouvir os professores, a fazer as leituras, "foi tanta a imensidão do mar, e tanto o seu fulgor" que eu precisei de ajuda para olhar.

Um mundo novo se revelava naquelas leituras e conversas. Eu lia muito e não entendia quase nada. Aquele mundo novo era muito diferente do que eu havia aprendido na faculdade. Na graduação, aprendi um punhado de técnicas para aplicação nas empresas, o que nunca me interessou muito e talvez, por isso, eu tenha sido uma aluna mediana.

No mestrado, aprendi a ler de novo, porque as palavras iam além do que elas diziam no senso comum. E a cada vez que eu não entendia, mais eu sabia que ali tinha algo muito legal, que eu queria saber, que eu iria aprender, uma hora ou outra, com mais ou menos profundidade. Mas eu iria aprender! Anos depois, li que para aprender, é preciso que sejamos capazes de aprender o que ainda não sabemos (HAROCHE, 2008) e aquela experiência fez ainda mais sentido. Eu estava aprendendo a aprender.

O saber estava lá, do outro lado, esperando que eu o olhasse, como o mar de Diego!

Aquela nova forma de olhar o mundo tomou conta de mim. Eu queria falar sobre aquilo, saber mais, ler mais, ouvir mais, assistir mais. Mas eu não tive essa mesma relação com a dissertação. Meu processo foi mais encantador do que o produto final e aprendi a reconhecer o valor dessa experiência. Quando encontramos exatamente o que queríamos, validamos uma técnica, mostrando que ela funciona naquelas condições. Mas se o resultado já era o esperado, não há conhecimento novo ou experiência nova, mesmo que o resultado final seja preciso. Entretanto, ainda que o produto final não seja excelente, o processo de pesquisa que nos tira do lugar é profundamente enriquecedor, porque aprendemos algo com ele: uma nova maneira de ser e estar no mundo.

Só aprendemos o que ainda não sabemos!

Aquelas experiências me ensinaram e exigiram de mim uma posição no mundo. Aprendi o meu lugar de gênero, raça e classe; o meu lugar de privilégio e de não privilégio e percebi, com mais consciência, as dores e as alegrias do mundo. Percebi as injustiças do mundo sob um olhar muito diferente do que havia sido me apresentado até então - aquela visão presente nas telas dos programas de domingo, que faz espetáculo em cima da pobreza. Essa consciência foi me tirando do lugar. Eu não podia mais estar nesse mundo apenas por mim. Eu precisava encontrar uma nova forma de estar no mundo.

Nessa busca, também me decepcionei. O excesso de informação - todo dia um artigo novo, um texto novo, um livro novo - e de opinião - a necessidade de escrever sobre todos os assuntos e publicar a todo instante -, alinhado a um eruditismo enfadonho, digno de virar meme em *reality show* da grande mídia, me desencantaram.

A experiência é cada vez mais rara pelo excesso de informação e de opinião e, em nossa arrogância, opinamos sobre qualquer coisa sobre a qual nos sentimos informados (BONDÍA, 2002). Na academia, opinamos na forma de *paper*. Já não lemos mais para conhecer um novo olhar, mas para escrever *papers*. Primeiro o *paper*, depois a pesquisa.

E se não temos uma posição própria sobre qualquer coisa que acontece, sentimo-nos falsos e pensamos que temos que ter uma opinião (BONDÍA, 2002). Na academia, nossa posição sobre qualquer coisa que se passa vira *paper*. Temas sérios ou banais viram *paper*. E como eu me sentia incapaz de opinar sobre assuntos tão caros, eu me sentia um fracasso. Perdi o prazer da leitura, porque não lia mais para aprender, mas para fazer *paper*. Eu me senti só - frustrada, fracassada, sem *paper* e só!

O desencantamento me fez achar que aquilo não era pra mim e que não era aquilo que eu queria. Aquele processo encantador perdeu o sentido. Mas era "tanta a imensidão do mar, e tanto seu fulgor" que eu precisei de ajuda para restabelecer os sentidos dessa caminhada.

Em setembro de 2020, abandonei meu terceiro projeto de doutorado, por causa da pandemia. Eu já havia qualificado, mas as incertezas do momento me obrigaram a abandonar tudo o que eu tinha feito, para não colocar as pessoas em risco. Eu precisava desenvolver um novo projeto de pesquisa. Tudo outra vez! Com muito cansaço e bem menos tempo, me pus a pensar em minha experiência de pesquisadora.

Tenho feito esse exercício desde então e muitas experiências transformadoras me vieram à cabeça (inclusive as que relatei anteriormente). Bem disse Bondía (2002), que a experiência demanda um gesto de interrupção. Ela nos exige parar para pensar, parar para sentir, parar para ouvir, parar para perceber os detalhes, suspender os automatismos, dar tempo e espaço para a reflexão (BONDÍA, 2002).

Quando parei para sentir, para perceber os detalhes, lembrei-me de um momento em sala de aula, talvez o acontecimento mais significativo da minha experiência de doutorado. Era maio de 2018, e o tema daquele encontro era cultura organizacional (ou algo assim). Um dos textos fazia duras críticas ao modelo toyotista de produção. Essa era uma discussão que muito me interessava.

Mas a discussão inicial estava num rumo que me fazia querer não estar ali. Escutei de um colega que "ou você se adapta à cultura organizacional ou você está fora", e as falas que se seguiram quase que me machucavam. Fui ouvindo aquelas falas e senti meu coração disparar. Eu queria sumir dali.

Foi quando um colega explicitou seu desconforto em relação ao texto, porque aquela era uma crítica à sua formação de engenheiro. Ele não rebateu a posição do autor, mas expôs seus incômodos, de maneira muito educada. Depois de ouvir as posições dos colegas, algumas muito preconceituosas, pedi a palavra e, cheia de indignação, comecei a falar. Eu usei palavras que nem conhecia e que, obviamente, não conseguirei reproduzir aqui (nem é a pretensão deste texto).

Mesmo naquela explosão, eu não queria ofender meu colega, nem o conhecimento que sua formação o tinha proporcionado. Lembro-me vagamente de pedir desculpas e dizer que, em nenhum momento, eu estava questionando a qualidade da sua formação (ou algo assim). Mas que precisávamos ser mais reflexivos sobre as realidades que nos são (im)postas, inclusive as realidades apresentadas em nossas formações acadêmicas.

Quando acabei de falar, minhas mãos tremiam. Saí da aula e chorei copiosamente. Enquanto escrevo, também choro. Eu devia ter ficado quieta! Eu posso ter ofendido meu colega! Eu falei sobre coisas que eu nem domino! Para minha surpresa, dias depois, ele me procurou. Ele queria entender muitas coisas e me pediu indicação de leituras. Ele era bem jovem e uma pessoa muito educada e gentil. A curiosidade dele ressignificou aquele acontecimento. Em 2019, ele me enviou uma mensagem dizendo que tinha saudade daquelas discussões. Eu nunca mais o vi, embora tenha vagas notícias dele por amigos.

Eu não sei o que aquele acontecimento significou para ele. Mas para mim, o mar estava novamente na frente de meus olhos. O desejo dele, de entender o que ele ainda não entendia, me reencantou. Quando me lembro daquele momento, penso na capacidade (trans)formadora do conhecimento.

O conhecimento é mesmo extraordinário!

O conhecimento da experiência jamais nos deixa no mesmo lugar. Ele me trouxe angústias, dúvidas, dores, incertezas, fracassos. Mas diante de tanta imensidão, de tanta beleza e fulgor, quem se sentiria impávido? A angústia é necessária enquanto vou descobrindo os meus lugares, os sentidos e os sem-sentidos dessa experiência. Não sei de quase nada, mas sei que não vou só. Vou com esses que (trans)passaram por mim, pela minha experiência. E vou com o conhecimento que ficou em mim!

A pós-graduação me ensinou o amor pelo aprender, pelo conhecer e pelo desconhecer. Quanto mais aprendemos, mais sabemos que não sabemos e precisamos aprender a viver com isso (GLEISER, 2014). O saber da experiência na pós-graduação permitiu que eu me apropriasse da minha própria vida (BONDÍA, 2002), ciente de que sou incapaz de controlá-la.

Essa experiência me tirou do lugar e me revelou um mundo pelo qual eu também me sinto responsável. Esse novo olhar fez com que eu me exigisse encontrar um lugar ético-político - como pesquisadora, como cidadã e como ser-humano -, nesse caminho, sempre incerto, rumo ao desconhecido.

Experiência 2: vivências e aprendizados

Sou José Kennedy, filho de nordestinos, nascido em Itaituba, Pará, município localizado à beira do Rio Tapajós. Fui criado no norte de Mato Grosso e, atualmente, sou professor da Universidade Federal de Rondônia (Unir). Escrever este texto me faz buscar memórias que não estão tão óbvias ou estabelecidas em meus pensamentos e práticas, e algumas delas eu só descobri ao refletir sobre e ao buscar traduzi-las em palavras. Por isso, tento me aproximar ao máximo das vivências e dos aprendizados que a minha experiência da pós-graduação estabeleceu.

A minha trajetória até chegar ao doutorado não é linear. Entre o término do ensino médio e a entrada em uma universidade pública no interior de Mato Grosso para cursar Administração, houve um intervalo de seis anos e de sete vestibulares. Durante a graduação, eu não almejava ser professor e muito menos fazer cursos de pós-graduação. Essas possibilidades eram inatingíveis, até porque, durante a graduação, tive apenas uma professora com mestrado. A pós-graduação, para mim, era algo para quem vivia nas capitais e onde havia grandes centros universitários. As experiências na universidade e, principalmente, no movimento estudantil me fizeram entender a importância da pesquisa e dos cursos de pós-graduação e compreender melhor a realidade social que me circundava.

Após o término da graduação, tive a oportunidade de trabalhar como professor em uma faculdade particular no norte de Mato Grosso. De início, fiz isso por necessidade financeira. Eu não me via como professor, tinha ansiedade e pânico de encarar uma turma de mais de 30 pessoas. A maioria desses estudantes era mais experiente do que eu. Eu me sentia inseguro e não tinha a vida acadêmica como plano futuro. Assim que pude, mudei de ramo: fui ser servidor público municipal e depois trabalhei na execução de uma política pública educacional para jovens do Governo Federal. Até que retornei à docência, na mesma faculdade particular.

Depois, senti que havia chegado de fato à vida acadêmica quando fui aprovado em concurso público para trabalhar na Universidade Estadual de Goiás (UEG). Essa experiência de morar fora da Amazônia pela primeira vez me fez refletir sobre os meus hábitos e sobre a minha cultura, que são heranças das minhas vivências no território amazônico. Além disso, refleti sobre o que é ser um professor. Percebi a necessidade de fazer uma pós-graduação, embora o ambiente acadêmico, nesse nível, fosse para mim algo desconhecido. Pedi exoneração desse trabalho para fazer mestrado no Programa de Pós-Graduação em Administração da Unir em Porto Velho, Rondônia, curso que me aproximou das questões ambientais e me fez entender que sou um amazônida – ou seja, alguém que carrega o sentido de identidade e de pertencimento à cultura e aos hábitos existentes na Amazônia.

Ao finalizar o curso de mestrado, mudei-me para Vilhena, Rondônia, para ser professor efetivo da Unir. Novamente, conheci outra realidade da Amazônia, o que me fez questionar os modos de vivência das populações daquele território. Ficaram algumas reflexões da dissertação e, com o prosseguimento de trabalhos acadêmicos na área de Sustentabilidade, de Gênero e de Raça na Amazônia, surgiram outras. Assim, cheguei ao doutorado em Administração na Universidade Federal de Lavras (UFLA), interior de Minas Gerais, e a uma nova realidade, a de viver, pela primeira vez, na região Sudeste. Posso afirmar que o clima frio da região foi apenas o primeiro de outros grandes impactos na minha nova vivência.

Ao longo da minha trajetória de vida até a chegada à pós-graduação, a minha relação com o território amazônico se transformou: da exploração do garimpo pelo meus pais, em terras que me proporcionaram vivências formativas importantes para que eu seja o que hoje eu sou, ao ambientalista que defende que a Amazônia deve ser protegida de qualquer atividade econômica que não seja saudável à sobrevivência desse território, de sua fauna e sua flora. Além disso, atualmente, como pesquisador, desenvolvo, como se faz no método antropológico, um "estranhamento" momentâneo para alcançar uma nova aproximação. Minhas experiências na pós-graduação não me dão mais outra escolha a não ser, ao longo da minha vida e trajetória acadêmica, procurar dialogar, por meio do meu trabalho e nos limites das minhas possibilidades, com os povos amazônidas. Aprender, pesquisar sobre e descobrir o quanto os povos amazônidas são importantes representam a maior transformação que a pós-graduação me proporcionou.

Sendo assim, posiciono-me na pós-graduação na condição de aprendiz - de como se leciona e de como se faz pesquisa e se estuda, acreditando que o meu processo crítico-reflexivo pode e deve ser ampliado e/ou desenvolvido. Já no primeiro mês de aulas, senti-me atordoado com muitas leituras, muitas resenhas e muitos artigos para escrever e nenhum tempo para processar tanta informação, discutir e refletir sobre algum pretenso aprendizado. Isso aconteceu tanto no mestrado quanto no doutorado.

Durante as disciplinas do mestrado, almoçava com dois colegas acreanos e outros dois colegas do interior de Rondônia. Após o almoço, sentávamo-nos embaixo de jambeiros e comíamos alguns jambos, essa fruta era a nossa sobremesa. Reflito sobre essa lembrança e entendo que esse momento era a "sobremesa" também de nosso processo de saber: discutíamos sobre as nossas pesquisas, sobre a Amazônia, sobre o Acre e sobre Rondônia, Estado que eu não conhecia à época. Aquela troca de experiências era uma importante sessão de aprendizado que ia além da sala de aula. Isso se repetiu no doutorado: um dos momentos mais prazerosos era, para mim, o horário do almoço, quando me sentava na grama nos espaços de convivência da universidade com alguns colegas e debatíamos os temas das aulas, as angústias dos estudos e a adaptação ao curso. Considero que esses momentos eram necessários para o próprio amadurecimento dos conteúdos.

Nas aulas, eu me incomodava ao ouvir as prospecções de pesquisas de alguns estudantes e professores e sentir que a maior preocupação era com a "forma" ou a relevância de um pretenso "tema quente" para a área. Além disso, falava-se muito de como encontrar o caminho mais curto e menos trabalhoso para se escrever uma tese, dissertação ou artigo, o que considero um problema. Para mim, o que importava era pesquisar algo que faria sentido para o meu aprendizado e para os sujeitos que se relacionariam com a minha tese. Esses incômodos, em parte, me levaram a uma mudança de orientação, no segundo ano do doutorado. Percebi que, se eu seguisse como estava, não seria possível realizar uma pesquisa sobre e com os amazônidas e a Amazônia.

No desenrolar do doutorado, dois colegas e eu apresentamos um seminário na aula de Teoria das Organizações. Discutimos como os estudantes e os professores de pós-graduação deveriam pesquisar sobre as relações de poder, controle organizacional e ideologia nos Estudos Organizacionais. Ao final do seminário, o que mais me instigava era responder ao seguinte questionamento: "como utilizar o meu conhecimento?". Isso se tornou um mantra durante todo o curso. Espero me aproximar da resposta ao término da minha tese e durante a minha trajetória como professor universitário - para que, assim, possa retribuir tudo aquilo que o acesso à pós-graduação me proporcionou.

As experiências no mestrado e no doutorado também me fizeram compreender a importância do trabalho em conjunto e das afinidades. Por vários momentos, eu me vi aprendendo com os colegas sobre temas diferentes do meu, sobre novas áreas. No mestrado, estudávamos em um espaço do grupo de pesquisa do meu orientador, que apelidamos de "Sala do Saber". Eu convivia com outros dos seus orientandos e outros colegas do programa. Ali, discutíamos e escrevíamos nossos artigos e dissertações, dividíamos nossas angústias, nossas experiências e as pequenas vitórias como os primeiros trabalhos publicados. Além disso, cada orientando cultivava uma planta, e o cuidar da planta representava o cuidado da nossa dissertação. Ao final do período de mestrado, todas as dissertações foram defendidas, e todas as plantas sobreviveram. Não me sentia só e, mesmo sabendo que eu tinha de escrever a dissertação sozinho, eu tinha a certeza de que não a aguei sozinho.

No doutorado, busquei ter uma experiência parecida com a do mestrado. Mas, apesar de ter construído ótimas relações, de ter travado boas discussões e de ter desenvolvido, em minha tese, reflexões em conjunto com alguns colegas, percebi que a dinâmica não era a mesma. Talvez a diferença das experiências esteja relacionada ao tamanho das universidades e à cultura que diferencia um maior centro universitário do outro. Na dinâmica do doutorado, aprendi a desenvolver as relações com outros colegas individualmente, relações essas que transcenderam os redames das afinidades pessoais e se tornaram parcerias acadêmicas na produção de artigos, na troca de experiências na escrita da tese e em projetos futuros, como criação de grupos e de projetos de pesquisa e extensão.

No mestrado, a figura do orientador foi primordial para o início da minha trajetória acadêmica como pesquisador, para compreender a métrica, o rigor e, principalmente, a relevância das pesquisas científicas. Isso me motivou a ir adiante e a procurar fazer o curso de doutorado. No doutorado, o processo de orientação não foi linear. Tive uma orientação interrompida e, quando iniciei a segunda orientação, veio a pandemia. Isso impediu o contato direto com o orientador. Na medida do possível, mantivemos uma orientação que procurou respeitar os limites dos meus conhecimentos teóricos e a importância que pesquisar a Amazônia tem para mim.

Com os meus orientadores, aprendi a orientação pelo diálogo, o comprometimento, o envolvimento com o processo de construção da pesquisa. Ao longo do processo, eu estudava, escrevia e discutia com eles. As orientações deles me ajudaram a amadurecer as minhas reflexões, as minhas leituras e a pesquisa na prática. Ao mesmo tempo, eles também aprendiam com aquilo que eu estudava, escrevia e apresentava, o que fez com que eles também amadurecessem. Com eles, aprendi que o estudante precisa ser ouvido para que a experiência da pesquisa possa ser mais humanizada, cientificamente eficaz e significativa para os sujeitos envolvidos.

O saber da experiência na pós-graduação

Escrever este texto significou, para nós, um processo de reflexão e aprendizado sobre a pós-graduação. Aproveitamos esta oportunidade para olhar para a nossa trajetória e atribuir novos sentidos aos acontecimentos que vivenciamos. Quando escrevemos, compreendemos um pouco mais sobre o mundo, um pouco mais sobre nós, um pouco mais sobre nós no mundo.

As nossas intenções iniciais com a formação acadêmica se modificaram durante esses anos de estudos. A partir da necessidade de formação e do desejo de construir novos caminhos profissionais, a pós-graduação nos ensinou mais do que teorias e metodologias de pesquisa. Nossas experiências nos ensinaram novas formas de enxergar o mundo, de nos estabelecermos nele e de como nos relacionarmos com ele: como educadores, como pesquisadores, como cidadãos, como seres-humanos, nas múltiplas relações da vida.

Esse novo olhar nos ensinou que o conhecimento merece respeito e que não se traduz na mera publicação de *papers*, como em uma esteira de produção. Aprendemos que o conhecimento não se encerra com a pós-graduação, mas se inicia quando esse novo mundo se apresenta a nós e se alonga por toda a vida.

As experiências aqui brevemente relatadas nos ensinaram, em suma, a questionar as nossas práticas educacionais. Como estender o conhecimento que adquirimos neste espaço para além de nós: nossos alunos, outros colegas, a comunidade na qual estamos inseridas, a sociedade? Nosso desejo é levar o pensamento curioso e reflexivo para todos os espaços: para a sala de aula, seja qual for a disciplina; para os projetos de pesquisa, independentemente da temática abordada; para os espaços construídos com a comunidade entorno, conhecendo as suas realidades e aprendendo com os sujeitos envolvidos; para os espaços mais burocráticos, desenvolvendo os hábitos de ouvir, de dialogar, de trocar, mas também de resistir, provocando pequenas fissuras nas estruturas do instituído.

Os relatos dessas experiências também são um convite para que pesquisadores, em formação ou já formados (mas sempre em formação), se voltem para suas próprias experiências na pós-graduação, (re)conhecendo as dificuldades, as dores, as angústias, mas também os prazeres e os aprendizados desse período tão complexo e fascinante.

Agradecimentos

À Flávia Naves, que, com amor e gentileza, nos ajudou em nossas reflexões.

Referências

BONDÍA, Jorge Larrosa. Notas sobre a experiência e o saber de experiência. **Revista Brasileira de Educação**, n. 19, p. 20-28, jan-abr., 2002.

GALEANO, Eduardo. A função da arte/1. *In*: **O livro dos abraços**. Porto Alegre: L&PM, 2002.

GLEISER, Marcelo. **A ilha do conhecimento**: os limites da ciência e a busca por sentido. Rio de Janeiro: Record, 2014.

HAROCHE, Claudine. **A condição sensível:** formas e maneiras de sentir no Ocidente. Rio de Janeiro: Contra Capa, 2008.

SANTOS, Boaventura de Sousa. **Um discurso sobre as ciências**. 12. ed. Porto: Afrontamento, 1987.

3

O caminho até o Sul do país: relatos de uma mestre e seus desafios

Giovanna de Oliveira dos Reis

Algumas pessoas já sabem desde muito cedo qual profissão seguir e já despertam interesses específicos. Durante a minha infância não despertei interesses que colegas de profissão relatam e nem tinha conhecimento do que era ser cientista. Mesmo não sabendo claramente qual seria a minha profissão, meus pais sempre embarcavam nas minhas escolhas, independente do quão longe tivéssemos que ir. De uma coisa sempre soubemos, o objetivo era sempre ir mais longe, sempre em busca de ser feliz e fazer o que amava.

Minha trajetória acadêmica começa em 2014, com a minha mudança para uma cidade distante 250 km daquela que vivi por 15 anos. Ingressei no curso de Bacharelado em Ciências Biológicas, na Universidade Federal de Lavras. Logo no início me identifiquei com as disciplinas e soube que não existia outro curso a ser seguido dali para a frente.

Durante o meu terceiro período, em uma reunião do primeiro grupo de pesquisa que fiz parte, a orientadora iniciou uma discussão sobre ser cientista e disse algo como "o que estamos buscando/construindo aqui é sermos cientistas e fazermos ciência". Naquele dia eu me reconheci como uma cientista em formação, tudo fez sentido e foi como se uma roupa tivesse servido perfeitamente bem. Continuei por um ano nesse primeiro grupo estudando ecologia (estudo das relações entre o ambiente e os seres que vivem nele) de uma família de samambaias, mesmo amando desde sempre o mar. Inclusive, depois do encontro com o meu eu cientista entendi o meu encantamento com o oceano: não era só pela beleza da praia nos verões, era encantamento por saber o que habitava aquela imensidão azul e o que estava debaixo dos nossos pés durante nossas temporadas por lá.

A graduação estava sendo cursada em uma universidade de Minas Gerais, com ausência de litoral e sem chance de investigar aquilo que me transbordava os olhos. Depois de um ano estudando samambaias decidi que precisava buscar algo que me aproximasse da água, daquilo que fluía na natureza, banhando diversos lugares e dar voz ao que fluía dentro de mim, o que me conduziria aos dias atuais. A minha primeira opção de grupo de pesquisa na universidade sempre foi a carcinologia (ciência que estuda os crustáceos), porém a professora responsável estava em um pós-doutorado nos EUA, daí a justificativa por trabalhar um ano com algo fora do que eu almejava. Só que tudo na vida acontece por um motivo, nada é por acaso. Se eu não tivesse feito parte do primeiro grupo de pesquisa não saberia que o meu lugar é a ciência.

Em 2016 consegui finalmente entrar no grupo de pesquisa em que trabalhavam com o ambiente aquático. Mesmo sendo de água doce eu já estava imensamente feliz. Este foi o meu segundo grupo, o qual me abriu portas profissionais e me proporcionou trabalhar com o que amo. Porém, até chegar ao ponto de me sentir realizada com o que foi me proposto fazer demorou algum tempo. Na primeira reunião com a orientadora tive que tomar a decisão de desistir da área de ecologia, a qual pensava estar apaixonada, para trabalhar com taxonomia (área responsável por identificar, organizar e descrever seres vivos, novos ou já registrados na literatura). Pensei logo de cara que não daria certo e que não se encaixava no que eu queria conduzir da minha carreira. Mal sabia eu que hoje em dia eu não me vejo fazendo outra coisa.

Não me lembro a situação exata em que decidi que tentaria um mestrado no Sul do país, só sei que isso se instalou entre os meus desejos e sonhos. No ano de 2017, durante uma visita na Universidade Federal do Rio Grande do Sul, conheci o Laboratório de Carcinologia e me reuni com a possível orientadora. Quando me lembro desse dia consigo sentir o acolhimento que recebi e o bem-estar que tive na rápida visita. No entanto, quem almeja uma pós-graduação no Brasil precisa ter mais de uma opção devido às dificuldades na obtenção de bolsa e financiamento de projeto.

Antes de insistir no Sul precisei cogitar outra instituição para o meu mestrado. Em 2018, ano em que me graduei, embarquei para visitar outra universidade e o laboratório, além de conversar com o possível orientador sobre o projeto. Depois de uma semana conhecendo tudo e sentindo se realmente gostaria de viver ali durante dois anos, na volta para casa meu coração decidiu que o mestrado lá ficaria só na possibilidade. Confiar na intuição é sempre válido. Seguindo a minha, decidi partir para a próxima tentativa. Se olharmos a cronologia, dá para saber que eu já havia estabelecido a minha conexão com o Sul lá em 2017.

No final de 2018 resolvi me dedicar totalmente aos estudos para a seleção de mestrado no Sul, já que a prova ocorreria em janeiro. Só que as coisas acontecem quando precisam acontecer. Eu não fui aprovada e precisaria esperar pela próxima seleção, correndo o risco de minha provável orientadora se aposentar. De janeiro até maio foram diversas noites pensando em alternativas de conseguir um emprego, fazer um intercâmbio, ou tentar uma outra área, mas lá no fundo eu não havia desistido de trabalhar com crustáceos e fazer mestrado no Sul. As alternativas que eu estava cogitando desapareceram quando o edital para uma nova seleção foi lançado.

Em julho de 2019 eu entrei para o mestrado em Biologia Animal na Universidade Federal do Rio Grande do Sul e a partir dali tudo começou a fluir. Tanto em direção aos meus sonhos como em direção ao mar. Do dia do resultado até o dia da viagem foram menos de 15 dias e tudo foi muito rápido, desde alugar um quarto por rede social até arrumar as malas e passar 24 horas na estrada até a cidade de Porto Alegre.

Minha orientadora daquele segundo grupo de pesquisa sempre me apoiou totalmente na minha trajetória até o Sul e me apoia até hoje, independente de para onde seguirei no futuro. Ela sempre contava como era a vida em Porto Alegre, já que é gaúcha e teve toda a sua formação na mesma instituição para a qual eu estava indo, mas nada como realmente viver para saber. O choque cultural já foi sentido logo na primeira semana morando na cidade, seja na maneira de falar, de agir, de tratar o outro e na alimentação. Sem falar no clima, que estava mais congelante que em Minas Gerais. O mês de agosto foi de muita adaptação e a ficha foi caindo. Eu realmente estava fazendo mestrado ali e no grupo de pesquisa que desejei por alguns anos.

Muitos foram os desafios e dificuldades no início. Depois de alguns meses minha solidão e a saudade da família foram se intensificando. Talvez devido ao círculo social limitado ao grupo de pesquisa ao qual fazia parte. Sendo assim, precisei buscar algumas alternativas para me sentir melhor e conhecer mais pessoas. Como as demandas do mestrado não me permitiam muito tempo livre, precisei expandir minhas atividades dentro do programa de pós-graduação em que estava inserida. Durante uma reunião de início de semestre havia uma assembleia para a troca de representantes discentes e estavam buscando alunos interessados. Naquela época não fazia ideia do papel de um representante, mas me candidatei. Inicialmente, assumir esse papel foi uma maneira de expandir meu círculo social na cidade e na universidade, mas depois de algum tempo se tornou um modo de ver as necessidades e demandas do programa com um outro olhar. Um modo de conhecer os professores e alunos de uma outra perspectiva. Durante um ano conheci alguns alunos, minha visão de pós-graduação foi para os bastidores e aprendi muitas coisas.

O meu grupo de pesquisa me acolheu desde o meu primeiro dia, sempre me ajudando na adaptação, me incluindo nas conversas e trabalhos, fazendo com que as coisas ficassem menos difíceis e mais gostosas. Minha orientadora também sempre me deu muita liberdade para crescer, com os erros e acertos, fosse no meu próprio projeto ou ajudando outros colegas. Essa ajuda em campos e triagens foi a maneira que eu, acredito que meus colegas também, encontramos de inclusão e de ampliar o aprendizado.

Muitas vezes dentro da pós-graduação nos sentimos com desejo de fazer mais, porém nem sempre encontramos essas oportunidades e incentivo no local que estamos inseridos. Durante o mestrado sempre busquei me incluir em grupos que desenvolvessem projetos que eu tinha interesse, que me fariam aprender mais e me desafiariam. Nem sempre conseguimos nos encaixar em projetos, mas isso não nos impede de criar outros e buscar quem se junte a nós na execução. Sempre que acreditamos no nosso potencial devemos investir, buscando manter nossos princípios e desejos. Estar desenvolvendo uma dissertação ou uma tese não te limita a desenvolver novos projetos e se lançar em novos desafios. Só precisa ter sempre em mente que o foco é o projeto de mestrado/doutorado em execução.

Na academia somos ensinados que números são a única coisa importante na etapa em que estamos. Ao longo do mestrado precisei aprender a observar a minha evolução em relação ao organismo de estudo, não se estava descrevendo duas ou quatro espécies. Foi necessário entender que determinada estrutura morfológica que conseguia identificar representava meu amadurecimento. Essa observação se tornou algo recorrente. Conseguia ver que o olhar havia se expandido desde a graduação. Estruturas antes visualizadas sem muita atenção, no mestrado ganharam uma identidade e foram relacionadas a algo muito além do que os olhos estavam vendo. Sempre concluímos um trabalho ansiando fazer mais, poderia ter escrito algo diferente, estruturado determinado tópico de outra maneira. Nunca vai estar perfeito. Talvez aí more a grande magia da ciência, nada será perfeito e essa ânsia do trabalho que se encerra alimenta os próximos trabalhos.

Junto da finalização do mestrado, no final de 2021, veio uma seleção de doutorado. Foram alguns meses me dividindo entre as demandas da conclusão de um ciclo e do início de outro. Finalização da dissertação de mestrado, elaboração de projeto de doutorado, inscrição na seleção, correções da dissertação, estudo e prova de doutorado, defesa de mestrado, defesa de projeto de doutorado e correções finais da dissertação. Foram momentos muito conturbados, mas sempre batalhando para seguir aquilo que me propus lá em Minas Gerais, de seguir fazendo o que se ama e o que me faz sentir realizada.

O local de estudo durante quase seis anos foi o ambiente de água doce. No entanto, o olhar sempre avistava o mar, os pés ansiavam pisar em água salgada e o coração desejava se conectar com os animais marinhos. Hoje, já em 2022 e com a aprovação no doutorado, posso dizer que toda a bagagem que a água doce me deu vai ser utilizada no mar. Nos próximos quatro anos meu local de estudo é o mar que banha o Rio Grande do Sul.

O caminho até o Sul do país não foi nada calmo e plano, mas o destino foi certeiro. Que sempre sigamos como os cursos d'água, nos unindo a quem encontrarmos pelo caminho, trazendo vida aos locais escassos, renovando e restaurando o que for preciso, para no final nos tornarmos oceano. A jornada relatada aqui é sobre isso. Sobre tornar-se oceano em busca do que se deseja, mas sem esquecer do caminho até ele.

4

Relato de uma experiência de (trans)formação e (re)existência

Larissa da Silva Conceição

Subjetivação: um estranhamento de si

Começo essa escrita me sentindo mal do estômago e o computador travando, como se fosse uma reivindicação por trabalhar sem parar desde o início do dia, por longos dias a fio, afinal já é bem tarde. Estranho que meu mal-estar me assolava, também, desde o início do dia, mas só consegui percebê-lo com mais força agora. Enquanto eu tomava banho, antes de começar a escrever pensava sobre meu processo (trans)formativo[1]. Sobre como compartilhar essa experiência tão singular.

Desejo com essas palavras poder trazer a dimensão de uma experiência que entrelaça o meu trajeto pela educação formal - o ensino superior público - e os agenciamentos micropolíticos que aconteceram, compondo redes, para que esse trajeto fosse concluído. O conceito de agenciamento proposto aqui presentifica a subjetividade como questão (BARROS, 1993). Ou seja, o que gira em torno desta experiência, sendo este texto apenas fragmento de expressão.

É preciso situar que apresento uma existência singular, a minha, essa que é imanente ao registro sociopolítico. Neste trajeto caminharemos em território movediço e disperso, que está sempre em vias de tornar-se outra coisa. Propomos para essa compreensão, portanto, o conceito de subjetividade como processo de produção, contingencial e imanente.

Propomos, presentificamos e afirmamos a heterogênese da subjetividade, como uma produção que se constitui no trânsito ininterrupto entre a exterioridade e a interioridade. Movimento que acontece necessariamente em relação, consigo e com as coisas que nos cercam. Sujeitos, nós, que nos constituímos na experiência, numa dinâmica constante de tornarmo-nos outros a cada encontro. Para Canguilhem (2009), trata-se do jogo em que a vida está inserida contra a imprevisibilidade crescente, contra a indeterminação constante, contra a instabilidade. Tudo que, enfim, nega a onipotência da razão.

Traçamos nossa errância pelo território do paradoxo, pelo modo de considerar os problemas sem resolução direta e imediata. Posicionando-nos na contramão de uma epistemologia que separa sujeito e objeto. Propomos, dentro dessa lógica, um conhecimento que retorna, como uma dobra. É o paradoxo que possibilita a emergência do próprio sujeito como alvo e efeito das relações de poder, como irá nos mostrar Foucault (2019).

A subjetividade se produz num plano de consistência, que diz menos sobre essências e mais sobre relação de forças: jogos, tensionamentos, disputas - agonística[2]. É um processo que não acontece sem que seja tecido um nó de relações, agregando agenciamentos enunciativos diversos. Entrelaçando macro e micropolítica ao prisma da subjetividade (GALLO, 2017).

A dificuldade de expressar sobre os desafios pessoais que enfrentei durante essa (trans)formação diz do meu estranhamento comigo mesma nessa caminhada, que também expressa um processo de subjetivação. Acomete-me em forma de questionamento, ainda hoje: será que me perdi nesse trajeto? Ou me perder foi o preciso para poder me encontrar? O estranhamento é um modo significativo de transitar pela lógica do paradoxo. Território complexo onde a multiplicidade - agitação, entropia, caos - habita (CANGUILHEM, 2009).

Hoje percebo que passar pela Academia - esse lugar repleto de relações de poderes assimétricas e instituídas - com meu corpo, que não passa despercebido, foi mais do que receber uma certificação externa, por meio de ritual examinatório. Foi também a composição de um modo de existência que, margeando transversalmente o espaço, apostou em linhas de fuga, como projeto de emancipação (ROLNIK, 2011). Experimentando a liberdade como prática cotidiana em constante movimento. Minha constituição subjetiva abraça, portanto, o cuidado de si.

Descaminhos: Academia, um não lugar?

No momento do meu perdido encontro questionava-me: como dizer do processo de escrever uma dissertação que teve o planejamento completamente atropelado pelas medidas de isolamento oriundas da pandemia de COVID-19 que acabava de se estabelecer? Exatamente no momento em que planejava meu trabalho de campo. Pensava: como falar sobre isso de forma amena? Afinal, essa parece ser a exigência da suposta neutralidade intelectual disciplinada ao método científico experimental que, supostamente, retira o afeto do pesquisador da relação com a pesquisa (DESPRET, 2011; LATOUR, 2004). E talvez estivesse aí a fonte do mal-estar que meu corpo denunciava.

Como falar sobre o impacto de escrever, cuidar da casa, comida e de uma criança - como mãe solo - em tempo integral, de forma amena e/ou imparcial? Como tornar um eufemismo as escolas fechadas, a desordem que pairava como imensa cortina de fumaça se alastrando junto à angústia de não saber a respeito do que se passaria - e ainda se passa[3] - durante esses períodos sombrios?

Períodos sombrios!! Escurecidos pela calamidade pública, alargada pelo desgoverno, resultando morte, fome, desamparo, desemprego... Enfim, desespero! Períodos que se acentuam pelo terror da política autoritária maquiada de democracia que rege o país. Ações que, legitimadas pelos atos do governo, ao negar certas existências, zombam dos números alarmantes de mortes que aumentam a cada dia. Como escrever de forma amena? Como não se afetar?

Ao longo desses questionamentos ressoavam memórias, palavras, frases e imagens. Acometia-me a lembrança da passagem pela qualificação, logo nos primeiros momentos e mais nebulosos do estabelecimento das medidas de isolamento. Junto a essa lembrança uma pergunta: você quer desistir? Vinda da minha orientadora. Lembranças duras, sentidas na forma de tensão e dúvida: será que este lugar - a Academia, o mestrado, o ensino superior público - é para mim? Dúvida essa que reverberou muitas vezes ao longo da escrita do trabalho.

Invadiu-me, repentinamente, a lembrança de quando terminei o ensino médio, e chorando no colo da minha mãe, indagava se conseguiria entrar para faculdade. Lembrei-me de quantas vezes já tentei explicar para o meu pai o que significava o mestrado na gradação formativa. É difícil explicar, afinal trata-se de uma experiência inédita em nossa família operária. Lembrei-me das cenas de violência cotidianas que vivenciamos quando ocupamos lugares onde não nos esperavam estar, tal como nos mostra Kilomba (2019).

O que é ser uma mulher negra e periférica na Academia? Sim, afirmei acima que a subjetividade é mais processualidade do que identidade, porém ela se constitui na convergência entre as forças do sujeito e a realidade sociopolítica. Nesse sentido, é preciso, sim, circunscrever este ser em processo - eu - marcado socialmente por esses lugares. Retorno, então, ao questionamento: O que é ser uma mulher negra e periférica na Academia?

A Academia, essa com letra maiúscula, dá medo. Há de convir que, durante séculos foi o lugar por excelência de legitimação do colonialismo e do racismo, pela produção de um regime de verdades próprio. É preciso marcar o quanto essa instituição esteve, historicamente, a serviço da produção de conhecimento hegemônico: branco, patriarcal e eurocêntrico, dando suporte ao colonialismo, portanto, à dominação.

Como afirma Kilomba (2019), a Academia é também um lugar de violência. Serviu à consolidação de discursos para a sujeição de territórios que destoavam do ideal branco, europeu, patriarcal como lógica hegemônica. A academia fez parte de um processo de dominação que foi territorial e também subjetivo, e aqui vemos um exemplo da complexa imbricação entre macro e micropolítica, sob o prisma da subjetividade.

Neste ambiente de educação formal e, portanto, de prescrições normativas, de avaliações, hierarquizações e classificações, há incutido uma trama de poder que envolve a estética, a institucionalidade e a cristalização de conceitos. Elementos que exercem efeitos significativos na realidade sociopolítica, inclusive pelo posicionamento de quem - ou de como - se é autorizado a dizer deste lugar, seguindo a ritualística que compõe o dispositivo.

Grada Kilomba (2019) vai nos mostrar o quanto esse conhecimento produzido a partir do centro - Europa, cristã, ocidental, heteronomativa, branca - se associa a certas categorias que propõe uma suposta neutralidade sobre o conhecimento que se produz. São elas: a universalidade, a objetividade, a neutralidade, a imparcialidade. Categorias que se estabelecem como norma, à medida que se conservam no centro da produção de verdades.

Nesse sentido, não podemos esquecer que a verdade está imbricada ao poder (FOUCAULT, 2017). Institui-se o método científico experimental como padrão, desqualificando a produção de conhecimento que parte das margens. Ou seja, desses territórios - físicos e subjetivos - que foram subjugados como inferiores. Por consequência desautorizados, quando embutidos nesta lógica de produção de conhecimento.

Assim, Kilomba (2019), Nascimento (2019) e Fanon (2008), dentre outras intelectuais negras e negros, tecem uma importante reflexão sobre, como o mito da objetividade serviu para desqualificar conhecimentos produzidos por negros ao longo da produção epistemológica. Sendo então, essas produções, destituídas de seu caráter científico. A recusa da tese "Pele negras, Máscaras brancas", de Fanon (2008), exemplifica a relação de poder incutida nesse modo de produzir conhecimento colonizado, o qual Academia se serve.

> [...] No racismo, corpos negros são construídos como corpos impróprios, como corpos que estão "fora do lugar" e, por essa razão, corpos que não podem pertencer. Corpos brancos, ao contrário, são corpos constituídos como próprios, são corpos que estão "no lugar", "em casa", corpos que sempre pertencem. [...] Através de tais comentários, intelectuais negras/os são convidadas/os persistentemente a retornar a "seus lugares", "fora" da academia, nas margens, onde seus corpos são vistos como "apropriados" e "em casa". Tais comentários agressivos são performances frutíferas do poder, controle e intimidação que certamente logram sucesso em silenciar vozes oprimidas (KILOMBA, 2019, p. 56-57).

Um perdido encontro: Academia e (Re)existência

Estou nervosa e suando bastante. Onde na academia existe lugar para falar de um sujeito em particular, esse sujeito: eu!? Em que momento deixamos de ver a nossa formação não tanto pelo que sabemos, mas, também, pelo que vivemos, experienciamos, pelo que nos (trans)formamos nessa caminhada? Em que momento deixamos de lado: afetos, sensações, medos, dores, odores, corpo, gestos, atitudes, encontros etc, em troca de uma certificação? Uma validação externa, prescritiva e normativa de nossa existência que nos orienta a reprodução de modelos prontos?

Pensei em quantas vezes, nesses 9 anos de Universidade Federal Fluminense (UFF), tive que insistir e ficar! Minha experiência de (trans)formação passa, necessariamente, por uma experiência de (re)existência, da necessidade de fazê-la operar no desvio. No desvio que nos tornaram, nas palavras de Fanon (2008). Nesse processo (trans)formativo e existencial que se inicia, ininterruptamente, em 2009 - quando deixei o interior do Espírito Santo e passei a me aventurar pelas capitais e grandes cidades - me adaptar não foi, nunca, uma opção, pois a cor da minha pele e o meu gênero já me colocam fora.

Numa experiência devastadora de outridade, como nos mostra Grada Kilomba (2019). Falar de outridade é, sem dúvida, aprofundar a discussão, porque se considera a diferença que emerge embutida nessas relações instituídas, abarcando as projeções que são feitas pela branquitute em relação à negritude. Projeções produzidas e reproduzidas por enunciados diversos que compõem o imaginário branco, logo, o imaginário hegemônico: a norma (KILOMBA, 2019, p. 38).

Não é sem dor que essa constatação me invade, gradativamente, num tempo em que permito-me afetar, sentir, escutar, perceber e enxergar. Ademais, a minha experiência de edificação de um lugar na Academia, ou seja, o que estou denominando como experiência de (trans)formação, já é, em si, posicionamento de resistência! Lugar para abertura de respiros possíveis, lugar de (re)existência!

Sigo, portanto, afirmando meu posicionamento de (re)existência, como produção subjetiva e micropolítica de composição de um corpo, como estratégia aos desafios que nos são lançados na pós-graduação. Essas estratégias emergem afirmando a corporeidade, os afetos, as trocas coletivas e os encontros potentes. Afirmando espaços (trans)formativos para além das salas de aulas e a reprodução de conteúdos. Afirmando a força de cada experiência-vida, de onde eclodem afetações que, tomam o corpo tornando-se palavras-texto.

Encaminhando-me ao encerramento desta narraviva[4] desejo afirmar a força da palavra-texto em sua relação intrínseca com a experiência de existir: experiência-vida. Sobre a importância da palavra em nossa constituição subjetiva. Desejo afirmar, a partir do compartilhamento dessa narraviva, a dimensão da (re)existência! Bondía (2002) apresenta a existência humana enquanto palavra, pois elas criam os sentidos. É como nomeamos o que nos acontece, como desvelamos mundos, cosmovisões etc. É dessa forma que elas nos permitem criar mundos, os seres, as coisas e a nós mesmos.

Ao percorrer essa trajetória é possível compreender como a disputa das palavras, ou como certas modulações enunciativas, compõem a realidade sociopolítica e, sobretudo, como compõem nossa subjetividade, isso que somos em relação com os outros. Assim, percebemos o que está envolto nos embates discursivos e epistêmicos: "por isso as lutas pelas palavras, pelo significado e pelo controle das palavras, pela imposição de certas palavras e pelo silenciamento ou desativação de outras palavras são lutas em que se joga algo mais do que simplesmente palavras(...)." (BONDÍA, 2002, p. 21).

Estamos falando de subjetividade, de existência, de agenciamento discursivo, relações de poder, jogos de força, tensionamentos... Grada Kilomba (2019) nos mostra a dimensão política da linguagem na formatação do que seria a "verdadeira condição humana" (p. 14), é preciso, portanto, afirmá-la no processo de descolonização, sobretudo em contraposição ao silenciamento. Será pela palavra a capacidade de tornarmo-nos sujeitos. Falar dessa experiência (trans)formativa é, então, reverberar novos possíveis, possibilitar a criação de novas referências subjetivas (GALLO, 2017), para além dos modelos instituídos. Portanto, (re)existir!

Respiros possíveis: Cuidado de si, prática de liberdade, estética da existência

Gallo (2017) nos mostra que (re)existir é expandir nosso modo de existência para além da sombra da normalidade homogeneizante. Afirmando o ímpeto à vida à medida que tomamos as rédeas de nosso processo de constituição subjetiva. Ao longo de minha trajetória (trans) formativa, sinto que minhas estratégias foram inspiradas por esse modo de considerar a resistência. Afirmando, sobretudo, a dimensão ética da liberdade pelo do cuidado de si, como estética da existência (FOUCAULT, 2012).

Ao longo dessa errância pelas margens, fiz dos encontros potentes - seja com coletivos, pessoas, professores, textos, filmes, funcionários, lugares, ócios - espaços coletivos de cuidado e trocas. Construindo descaminhos na direção de territórios compartilhados. Lugares de estudos, de trocas, de acolhimento, de presença calorosa. Como o coletivo de mães[5], por exemplo.

Fui compreendendo aos poucos que era possível abrir brechas, espaços-tempo, ora fugidios ora prolongados, de exercício de liberdade. Fui entendendo os riscos de traçar descaminhos, mas, também, fui compreendendo o tamanho dos meus passos. Encontrei meus possíveis nessa disponibilidade afetiva com os outros. Fiz disso campo de pesquisa e (trans)formação.

Foucault (2004) nos mostra que na Grécia antiga o cuidado de si era uma prática coletiva, que tinha como prerrogativa a dimensão ética da liberdade. Assim, a liberdade só era passível de acontecer no exercício cotidiano, em forma de ações, considerando o espaço relacional - consigo e com os outros.

O cuidado de si, trata da dimensão refletida de uma liberdade que se pratica ao ocupar-se de si, cuidar-se, conhecer-se. A prática refletida da liberdade, por sua vez, está vinculada à estética como edificação da existência. Porque trata do modo de se conduzir e de se relacionar: "o *ethos* de alguém se traduz pelos seus hábitos, por seu porte, por sua maneira de caminhar, pela calma com que responde a todos acontecimentos etc. Esta é para eles a forma concreta da liberdade" (FOUCAULT, 2012, p. 270).

A trajetória (trans)formativa que apresentei aqui, ao longo desta narraviva, abarca um traço subjetivo singular: o meu, mas se entrelaça às dimensões coletivas dos agenciamentos que atravessaram este caminhar incluindo os traços da realidade sociopolítica a qual estou inserida. A minha estratégia de (re)existência emergiu destes encontros, potencializando e/ou incentivando a criação de outros panoramas subjetivos, por vezes, inéditos. Tais que me possibilitaram abrir caminho para ocupar este território - físico e subjetivo - que, por hora, habito.

Aqui, então, retomo a questão outrora lançada, que por insistência retorna: será que este lugar - à Academia, o mestrado, o ensino superior público - é para mim? E com segurança que me faltava no momento em que a pergunta eclodiu, agora, respondo: sim é!

Referências

BARROS, R. Grupo e Produção. **Saúde e Loucura 4**. São Paulo: HUCITEC, 1993, p. 145-154.

BONDIA, J. L. Notas sobre a experiência e o saber de experiência. **Revista Brasileira de Educação**, Rio de Janeiro, n. 19, p. 20-28, 2002.

CANGUILHEM, G. **O normal e o patológico**. Rio de Janeiro: Forense Universitária, 2009.

DESPRET, V. Os dispositivos experimentais. **Fractal: Revista de Psicologia**, v. 23, n. 1, p. 43-58, 30 abr, 2011. Disponível em: https://periodicos.uff.br/fractal/article/view/4814. Acesso em: 13 dez 2021.

FANON, F. **Pele negra, máscaras brancas**. Salvador: EDUFBA, 2008.

FOUCAULT, M. A ética do cuidado de si como prática de liberdade. **Ditos e escritos V**: Ética, Sexualidade, Política. 3. ed. Rio de Janeiro: Forense Universitária, 2012, p. 258-280.

FOUCAULT, M. **A coragem da verdade**: O governo de si e dos outros II. São Paulo: Martins Fontes, 2017.

FOUCAULT, M. **Microfísica do poder**. 9. ed. Rio de Janeiro: Paz e Terra, 2019.

GALLO, S. Biopolítica e Subjetividade: Resistência? **Educar em Revista**, Curitiba, n. 66. p. 77-94, out./dez. 2017.

KILOMBA, G. **Memórias da Plantação**: Episódios de racismo cotidiano. Rio de Janeiro: Cobogó, 2019.

LATOUR, B. Como falar do corpo? A dimensão normativa dos estudos sobre a ciência. **Body and society**, v. 10, n. 2/3, 2004, p. 205-229. Disponível em: http://www.bruno-latour.fr/sites/default/files/downloads/77-BODY-NORMATIVE-POR.pdf. Acesso em 16 dez 2021.

NASCIMENTO, A. **O genocídio do Negro brasileiro**. Processo de um racismo mascarado. 4. ed. São Paulo: Perspectiva, 2019.

ROLNIK, S. **Cartografia Sentimental**: Transformações contemporâneas do desejo. Porto Alegre: Sulina / Editora da UFRGS, 2011.

Notas

1   A utilização do termo (trans)formação ao longo do texto diz respeito a um jogo de linguagem percorrido. Esse que entrelaça o processo de formação acadêmica ao processo de transformação subjetiva, de como os dois processos acontecem simultaneamente por atravessamentos que contemplam a multiplicidade da experiência de existir. Uma (trans)formação que diz de práticas formativas e lugares de formação, num entrelaçamento entre o cuidado de si, práticas de liberdade e uma compreensão da ética como estética da existência.

2   A agonística diz respeito ao empreendimento de um embate constante. Uma modulação de forças onde não há objetivo de vencer pois, o colocar risco um lado da força coloca em questão toda a relação. Objetiva-se do embate a manutenção do movimento de transformação a partir do próprio tensionamento.

3   Termino de revisar esse texto em fevereiro de 2022. Acho importante situar que ainda vivemos em situação de crise sanitária, econômica e política. Fato que se agudiza no contexto da pandemia, que ainda é uma realidade.

4   Compreendendo como os agenciamentos discursivos incidem na trama subjetiva, tal que inclui a proposição deste trabalho, utilizo o recurso expressivo da licença poética para ativar a potência de criação que o processo de (re)existir impõe. Narraviva é um jogo de palavras entre narrativa, palavra, experiência e vida. Ela irrompe como forma de transmitir a força dessas palavras encarnada a minha experiência (trans)formativa. Como algo imanente, pulsante.

5   O coletivo de mães foi um espaço de trocas informais construído coletivamente por mães universitárias da Universidade Federal Fluminense em 2016. Neste espaço foram realizados encontros que reuniram mães de outras universidades privadas e públicas da região do Rio de Janeiro, com intuito de falar sobre os desafios de ser mãe e universitária. Além de um espaço de acolhimento, de consolidação de redes de cuidado, era um espaço de mobilização política por direitos. Atualmente o Coletivo está vinculado ao Núcleo Interseccional em Estudos da Maternidade.

5

Relações colaborativas entre discentes: uma alternativa para superar o modelo de orientação mestre-aprendiz

Caian Cremasco Receputi

Introdução

Esta comunicação é fruto das minhas experiências como discente do Programa de Pós-Graduação Interunidades em Ensino de Ciências da Universidade de São Paulo (PIEC-USP), bem como de pesquisas que venho desenvolvendo sobre a formação do orientador de pós-graduação e de suas representações sobre a orientação acadêmica.

Após concluir o curso de Licenciatura em Química na Universidade Federal do Espírito Santo (UFES) e lecionar por dois anos como professor substituto nesta mesma instituição, opto por continuar a minha formação pós-graduada no PIEC-USP, inserindo-me no Grupo de Pesquisa Linguagem no Ensino de Química (LiEQui).

Ao longo do mestrado realizei diversas investigações na área de Ensino de Ciências, além de manter uma intensa participação política e institucional em diversas entidades representativas. A título de exemplo, pode-se citar a Associação Nacional de Pós-Graduandos (ANPG), a Associação dos Pós-Graduandos Helenira 'Preta' Rezende (APG-USP-

Capital) e em comissões representativas no PIEC.

A participação como representante discente no PIEC me proporcionou diversas reflexões sobre a atuação do orientador na pós-graduação. Em tais comissões, como as de seleção, de ingresso, de avaliação e, principalmente, na 'Comissão de Pós-Graduação Interunidades' (CPGI), pude identificar que este é um espaço de intensa disputa sobre o papel da universidade e da formação de professores e pesquisadores. Melo e Pimenta (2019) defendem que a universidade é uma instituição complexa, dinâmica e permeada por contradições e dilemas, tratando-se de um campo de disputas, em que convivem diferentes concepções de ciência e projetos de universidade, ideia esta corroborada por Minayo (2015), que argumenta que o empreendimento científico, apesar de seu forte caráter normativo, é permeado por conflitos e contradições. Aspecto que busco expor nos próximos tópicos.

Orientação acadêmica na pós-graduação: o que diz a literatura especializada da área?

Embora sejam relativamente recentes, os estudos que buscam investigar as especificidades e as contradições da pós-graduação têm ganhado espaço no meio acadêmico (RECEPUTI; VOGEL; REZENDE, 2021; MASSI; GIORDAN, 2017; JONES 2013). A preocupação com o sistema de pós-graduação está relacionada com a tomada de consciência de sua importância para a consolidação das diversas áreas do conhecimento, repercutindo no desenvolvimento social, técnico e científico das nações (JONES, 2013). Esta preocupação pode ser percebida pela ampla expansão do sistema de pós-graduação em todo o mundo, que vem acompanhada pela busca da competitividade e do desempenho, pela redução dos prazos de titulação e pela maior produção de artigos científicos, patentes e produtos industriais (MCCALLIN; NAYAR, 2012; TAYLOR, 2012; MACHADO; BIANCHETTI, 2006).

Como todo pós-graduando acaba descobrindo em algum momento, a solidão, o sofrimento e o adoecimento são temas sensíveis e recorrentes na academia. É possível identificá-los por meio do sarcasmo nas conversas de corredor decorrentes da alta evasão dos cursos ou pela solicitação da prorrogação de prazo enviada às comissões de pós-graduação, recorrentemente acompanhadas de atestados médicos. Esse quadro tem ganhado repercussão no meio, surgindo, assim, estudos cujos resultados mostram as causas e consequências do adoecimento de docentes e discentes (LIU et al., 2019; EVANS et al., 2018; BORSOI; PEREIRA, 2013).

O aumento do adoecimento na pós-graduação pode estar relacionado a uma contradição imposta à universidade, resultado de duas dinâmicas opostas: por um lado às pressões cada vez maiores de competitividade e desempenho acadêmico, refletida na exigência de maior produção de artigos científicos, patentes e produtos industriais, mas, por outro lado, a precarização dos docentes e discentes, envolvendo a redução do corpo docente e dos quadros técnico-administrativos, dos prazos de conclusão dos cursos de mestrado e doutorado e das verbas de fomento à pesquisa (MCCALLIN; NAYAR, 2012; MACHADO; BIANCHETTI, 2006).

Esta contradição tem transformado a pós-graduação, impactando no trabalho do orientador e na formação do pós-graduando, embora o modelo de orientação pouco tenha se transformado nas últimas décadas (MCCALLIN; NAYAR, 2012), visto que os orientadores tendem a reproduzir a forma de orientação à qual foram formados (LEE, 2007). Isto porque até recentemente a orientação era uma atividade pouco discutida, sendo um processo bastante pessoal e com poucas repercussões no coletivo (MACHADO; BIANCHETTI, 2006).

Na literatura especializada há algumas definições de orientação acadêmica na pós-graduação, mais comumente empregada com o vocábulo 'mentoring' na literatura estrangeira (ver, por exemplo, ROSS-SHERIFF; BERRY EDWARDS; ORME, 2017). Essas definições apresentam em comum que orientação na pós-graduação ocorre por meio da inter-relação entre uma pessoa mais experiente em relação aos processos acadêmico-científicos, o orientador, e uma pessoa menos experiente, o discente de pós-graduação, que dá início ou continuidade à carreira de pesquisador.

Carter-Veale et al. (2016) e McCallin e Nayar (2012) argumentam que, tradicionalmente, há três modelos de orientação na pós-graduação: o modelo tradicional, a orientação em grupo e o modelo combinado.

O modelo tradicional de orientação acadêmica é o mais comumente empregado e envolve uma relação didática entre um orientador e um discente, normalmente em reuniões presenciais (CARTER-VEALE et al., 2016), como modelo proposto por Yeatman (1995) de 'mestre-aprendiz' (*master-apprentice model*) e descrita como um processo "onde o mestre já estabelecido introduz o aprendiz aos 'mistérios' do ofício" (p. 9, apud BURNETT, 1999, p. 46, tradução nossa), podendo ser relacionado ao que ocorriam nas Corporações de Ofício da Idade Média. Neste modelo os discentes tendem a aprender a como desenvolver uma pesquisa acadêmica observando como o orientador conduz uma pesquisa ou realizando a própria, tendo, em momentos específicos, o suporte, comentários e sugestões do orientador e dos membros da banca de qualificação e defesa.

Uma característica deste modelo de orientação é que a pesquisa tende a se restringir às preferências e às concepções dos orientadores sobre o referencial teórico, a metodologia e a forma de análise que será desenvolvido na pesquisa do estudante (BURNETT, 1999). Isto acontece, pois as experiências de orientação variam de área para área e, inclusive, dentro de um mesmo programa de pós-graduação, pois cada orientador possui sua própria prática de orientação. Enquanto alguns orientadores são mais presentes e acompanham o orientando de forma mais próxima, outros são menos presentes, acompanhando a pesquisa do orientando de forma mais distanciada (CARTER-VEALE et al., 2016).

Em contraposição a este modelo, Carter-Veale et al. (2016) defendem que a orientação acadêmica não é responsabilidade exclusiva do orientador, sendo necessária a criação de espaços comunitários de orientação que forneçam apoio aos pós-graduandos, de maneira que não haja uma concorrência na relação entre orientador e orientando, ou seja, espaços que busquem complementar a formação do pós-graduando. Portanto, a formação na pós-graduação também pode ocorrer de forma complementar em grupos nos quais outros atores participem discutindo temas comuns, o que facilita a socialização do pós-graduando e a criação de uma rede de relacionamentos, aspecto importante para o bom desenvolvimento de sua futura carreira.

O **modelo de orientação em grupo** caracteriza-se como um espaço em que se reúnem o orientador (ou orientadores, dependendo do grupo de pesquisa) e os discentes, normalmente buscando realizar a discussão de temas comuns ao grupo, visando o desenvolvimento da cultura acadêmica ou das especificidades da área de conhecimento. Um exemplo mais voltado para a escrita acadêmica refere-se ao modelo de grupo colaborativo de supervisão de pós-graduação (*collaborative cohort model* - CCM), proposto por de Burnett (1999). Este modelo busca fomentar um ambiente de aprendizagem colaborativa organizada em torno de uma disciplina ou curso de pós-graduação. Uma característica importante deste modelo é que os pós-graduandos fazem a maior parte do trabalho de supervisão, discussão, avaliação e correção de suas escritas acadêmicas. Lewis et al. (2010) identificaram por meio de uma revisão da literatura que este modelo contribui para minimizar alguns problemas recorrentes da orientação na pós-graduação, a saber: i) baixas taxas de conclusão de curso dos pós-graduandos; ii) falta de apoio e sentimento de isolamento entre os pós-graduandos; e iii) pressão sobre estudantes, professores e administradores para atender às expectativas acadêmicas.

Por fim, há o **modelo de orientação combinada**, que relaciona os dois modelos descritos anteriormente, usualmente acrescentando recursos tecnológicos, incluindo o uso de programas online e videoconferências. Um exemplo refere-se ao modelo de abordagem combinada para orientação na pós-graduação (*blended approach to postgraduate research-degree supervision*), proposto por Beer e Mason (2009). Este modelo é fundamentado na teoria da Aprendizagem Construtivista, que compreende que uma das formas do estudante construir o conhecimento sobre a sua área de estudo é por meio da interação orientador-orientando intermediado com o uso de diferentes tecnologias de informação e comunicação. Portanto, o papel do orientador é o de indicar as principais fontes de informação a serem acessadas pelos alunos nas reuniões presenciais e à distância. Assim, pressupõe-se que o uso da tecnologia facilita a criatividade e a comunicação, o que estimula o engajamento dos discentes.

Um aspecto comum aos três modelos refere-se à ênfase no processo de planejamento e escrita das pesquisas acadêmicas, percebido de forma mais evidente no modelo de abordagem combinada e de forma menos evidente no modelo de orientação em grupo. Portanto, a partir da revisão bibliográfica, é possível supor que esses modelos de orientação acadêmica estão fundamentados em uma perspectiva pragmática em relação ao processo de orientação em detrimento de uma perspectiva humanista. Por fim, é importante questionar até que ponto o processo de imersão na cultura acadêmica é valorizado e como este tipo de orientação e, consequentemente de formação de professores/pesquisadores, pode impactar na identidade do futuro docente-orientador.

Relações colaborativas entre discentes: uma alternativa para superar o modelo de orientação mestre-aprendiz

Ao ingressar como discente em uma pós-graduação procurava um orientador que me ensinasse todo o caminho da pesquisa científica (métodos de pesquisa, técnicas de obtenção e análise de dados) e da cultura acadêmica (concepção de ciência, de universidade, de formação de professores no Ensino de Ciências, que envolvem as normas, regras e valores acadêmicos), isto porque compreendia que a relação de orientação se dava de forma mais próxima do que a tradicional relação entre o professor e estudantes em uma sala de aula. Entretanto, as características de orientação que experienciei na pós-graduação mantém relação com o modelo de orientação mestre-aprendiz, com maior presença e acompanhamento em discussões sobre a cultura acadêmica, mas com menor presença e de forma mais distanciada em relação ao caminho da pesquisa científica.

Essa contradição entre as expectativas e a realidade do processo de orientação fez com que eu refletisse sobre esta etapa da minha trajetória formativa. Em um primeiro momento, este processo implicou em certa insegurança no âmbito da pós-graduação. Os primeiros meses, neste sentido, foram marcados por esta tensão, o que despontou sentimentos de solidão e levou-me a reconsiderar esta etapa na trajetória acadêmica em alguns momentos.

Outro fator que contribuiu para essa tensão se refere à recusa do projeto de pesquisa apresentado por mim no início do mestrado. Após ter o projeto recusado fiquei um tempo sem saber o que iria pesquisar. Inicialmente isto foi um grande limitador para o processo de escrita. No entanto, após pensar e conversar com colegas mais experientes sobre qual projeto iria desenvolver, fui apresentado a um tema por um antigo professor. Como não tinha experiência e o tema apresentado me agradou, decidi abraçar a ideia, transformando-a no tema do meu mestrado.

É importante mencionar que, desde o início da minha pós-graduação, participei de diversas instâncias de representação discente, nas quais construí relações interpessoais com os pares acadêmicos. Tais tarefas me auxiliaram a superar o sentimento de impotência em relação à pesquisa, pois contribuíram para que eu ampliasse as minhas atuações na universidade, deslocando os eventuais problemas que emergiram no desenvolvimento da pesquisa.

Também busquei construir relações que possibilitassem a discussão sobre questões mais técnicas da atividade científica e de questões voltadas à cultura acadêmica. Em primeiro lugar, desenvolvi parcerias dentro do próprio LiEQui e, posteriormente, outras relações foram realizadas fora deste grupo, pois percebi que as distintas experiências vivenciadas pelos colegas da pós-graduação poderiam fomentar reflexões sobre a minha própria formação por meio da diversidade de experiências apresentadas pelos discentes em outros grupos de pesquisa. Tal vivência desvelou que esta relação entre orientador e orientando é algo comum no meio acadêmico, levando-me a compreender que isto ocorre pelas pressões da própria atividade do professor do Ensino Superior.

A relação com uma colega do LiEQui possibilitou passar por quase toda a fase de pesquisa de mestrado de forma conjunta. Portanto, o planejamento da pesquisa, a obtenção das informações e a análise dos dados foram realizadas basicamente a quatro mãos, de forma colaborativa. De forma análoga também busquei auxiliá-la em questões mais pontuais de sua pesquisa de doutorado, o que me possibilitou ampliar o conhecimento sobre os referenciais teóricos e as abordagens metodológicas. Esta relação foi bastante intensa, com reuniões quase diárias, pois, quando não estávamos discutindo a pesquisa que desenvolvia, discutíamos aspectos da pesquisa realizada por ela.

Esta experiência me fez refletir sobre alguns aspectos da socialização na pós-graduação. Proponho que deveria haver uma ação institucional que emparelhasse pós-graduandos mais experientes com aqueles que possuem menos experiência, na forma de um apadrinhamento, com a concessão de bolsa e de certificado para impulsionar e dar crédito a esta ação, algo similar ao que ocorre entre discentes de pós-graduação e docentes no Programa de Aperfeiçoamento de Ensino (PAE), que é um programa de estágio e acompanhamento prático para formação de professores com a supervisão de um docente (CHAMLIAN, 2003). Esta ideia está fundamentada em duas impressões. A primeira impressão se refere à identificação de um excesso de atividades que envolvem o trabalho do professor universitário. Comumente são atribuídas ao professor universitário quatro funções: o ensino na graduação e na pós-graduação, a pesquisa, a extensão universitária e a administração em diversos setores da instituição (MOITA; ANDRADE, 2009; ZABALZA, 2004). Neste sentido, questões mais pontuais de pesquisa e cultura acadêmica seriam facilmente superadas por colegas mais experientes do corpo discente. A segunda impressão está relacionada à identificação de que as relações iniciais entre os pós-graduandos tendem a manter laços mais frágeis se não forem fomentadas por uma imagem que as legitimem, normalmente o orientador. Tenho como pressuposto que esta característica faz parte da própria lógica do desenvolvimento de pesquisa na pós-graduação, processo que leva a uma individualização das ações da pesquisa. Também não devemos desconsiderar as representações sobre ciência e atividade científica que permeiam o nosso imaginário popular, envolvendo a ideia de que o empreendimento científico é realizado em um laboratório, de forma isolada e por pessoas geniais (RECEPUTI; PEREIRA; REZENDE, 2020).

Outra experiência que reforça estas impressões se refere à tentativa de criar um grupo entre os discentes do PIEC para fomentar a discussão de temas relativos à pesquisa científica e à cultura acadêmica, denominado "Seminários B", uma contraposição aos "Seminários Gerais de Ensino de Ciências", disciplina no formato de palestras organizadas pelos orientadores do PIEC com o objetivo de expor temas relevantes à pesquisa em Ensino de Ciências. Após um longo período de discussão com a comunidade dos discentes, realizamos alguns ciclos dos Seminários B, entretanto, desde o seu início teve baixa adesão, sendo encerrado após algumas reuniões.

Outras tentativas deram frutos e persistem até hoje. Uma dessas ações se refere à criação, em 2019, da "BALBÚRDIA - Revista de Divulgação Científica dos Discentes do PIEC"[1], uma revista eletrônica de publicação semestral organizada pelos discentes do Programa. Nossa intenção com a criação da Revista foi a de realizar um ato de resistência aos ataques que a Educação estava sofrendo na época (e ainda sofre), ou seja, foi uma das formas que nós encontramos em registrar nossa contestação a um projeto de Educação excludente, elitista e conservador. Nosso objetivo com a

Revista é o de realizar a divulgação mais ampla de pesquisas em Educação e Ensino de Ciências Naturais, buscando promover maior proximidade entre as comunidades interna e externa da universidade. Temos, portanto, o pressuposto de que a popularização do conhecimento científico produzido no meio acadêmico pode contribuir com a alfabetização científica, algo que buscamos aliar com pautas progressivas na busca de também promover uma alfabetização política da população. Além da publicação da Revista, realizamos semestralmente Oficinas de Divulgação Científica com o objetivo de formar novos quadros para esta atividade.

Outro importante grupo criado pelos discentes do PIEC refere-se ao "Pró-Cotas PIEC-USP"[2], uma comissão de discentes criada em 2020 que se mobilizou para a construção do debate sobre cotas na pós-graduação, culminando na adoção das cotas no Processo Seletivo para Ingresso de alunos dos cursos de Mestrado e Doutorado no PIEC em 2021. Esta comissão ainda atua buscando ampliar o debate sobre as desigualdades de nosso país, que mantém reflexos na universidade.

É importante ressaltar que essas ações só foram possíveis, pois no PIEC há uma constante e intensa representação discente. Os discentes deste programa realizam mensalmente uma assembleia para discutir as principais questões do Programa, como também de eventuais especificidades da Educação Básica e do Ensino Superior.

A partir do relato dos colegas que participam destas ações e da minha própria experiência, suponho que a organização em grupos colaborativos entre os discentes contribui para minimizar a solidão, o sofrimento e, consequentemente, o adoecimento na pós-graduação. Este trabalho colaborativo também tem contribuído para uma formação mais sólida e rica tanto em questões mais pontuais da atividade científica como aquelas que envolvem temas mais gerais do trabalho do professor do ensino superior e da cultura acadêmica. Por fim, argumento que participar de ações que vão além da pesquisa também pode contribuir para minimizar as tensões vivenciadas na pós-graduação.

Considerações Finais

O sistema de pós-graduação brasileiro está passando por uma série de contradições próprias do modelo de sociedade capitalista em que nós estamos inseridos. Embora aspectos ideológicos e práticos em relação aos objetivos e às funções tanto da universidade como da atuação do docente tenham mudado rapidamente em poucas décadas, o modelo de orientação acadêmica pouco se transformou neste período. Estas contradições têm exigido cada vez mais dos docentes e discentes, impactando na formação de novos quadros altamente especializados para o desenvolvimento do empreendimento científico. Ressalta-se que estas especificidades podem impactar o trabalho do professor e a socialização do pós-graduando, além de prejudicar o desenvolvimento social, técnico e científico brasileiro. É necessário direcionar estudos e discussões sobre os aspectos mencionados buscando propor ações para superá-los.

Busquei demonstrar, através de minhas vivências na área acadêmica, algumas ideias iniciais sobre o tema que podem subsidiar propostas que visem minimizar as contradições que os programas de pós-graduação têm experienciado.

É importante mencionar que a própria lógica da pós-graduação contribui para a criação de tensões entre os atores que a integram. É claro que esta contradição leva a atritos que devem ser gestados principalmente pelo orientador, o par mais experiente da relação, embora também devam contar com certo grau de maturidade do orientando ao buscar compreender que nem sempre suas expectativas serão atendidas. Neste sentido, a constituição de relações para além da tradicional orientador-orientado contribui para ampliar o repertório do pós-graduando sobre a própria dinâmica acadêmica, sendo uma das maneiras de minimizar as tensões desta etapa na trajetória acadêmica. Por fim é importante ressaltar que as Instituições de Ensino Superior devem estar mais atentas aos problemas vivenciados na universidade através da elaboração de programas que visem superá-las.

Referências

BEER, M.; MASON, R. Using a blended approach to facilitate postgraduate supervision. **Innovations in Education and Teaching International**, v. 46, n. 2, p. 213-226, 2009.

BORSOI, I. C. F.; PEREIRA, F. S. Professores do ensino público superior produtividade, produtivismo e adoecimento. **Universitas Psychologica**, v. 12 n. 4, p. 1213-23, 2013.

BURNETT, P. C. The supervision of doctoral dissertation using a collaborative cohort model. **Counselor Education and Supervision**, v. 39, n. 1, p. 46-52, 1999.

CARTER-VEALE, W. Y.; TULL, R. G.; RUTLEDGE, J. C.; JOSEPH, L. N. The dissertation house model: Doctoral student experiences coping and writing in a shared knowledge community. **CBE-Life Sciences Education**, v. 15, n. 3, p. 1-12, 2016.

CHAMLIAN, H. C. Docência na universidade: professores inovadores na USP. **Cadernos de Pesquisa**, São Paulo, n. 118, p. 41-64, 2003.

EVANS, T. M.; BIRA, L.; GASTELUM, J. B.; WEISS, L. T.; VANDERFORD, N. L. Evidence for a Mental Health Crisis in Graduate Education. **Nature Biotechnology**, v. 36, n. 3, p. 282-284, 2018.

JONES, M. Issues in doctoral studies - forty years of journal discussion: Where have we been and where are we going? **International Journal of Doctoral Studies**, v. 8, n. 6, p. 83-104, 2013.

LEE, A. Developing effective supervisors: Concepts of research supervision. **South African Journal of Higher Education**, v. 21, n. 4, p. 680-693, 2007.

LEWIS, S. V.; ASCHER, D.; HAYES, L. B. G.; IEVA, K. P. **Counselor education doctoral cohorts**: Growth, reflections, and success. ACES Conference, San Diego, Califórnia, 2010.

LIU, C.; WANG, L.; QI, R.; WANG, W.; JIA, S.; SHANG, D.; SHAO, Y.; YU, M.; ZHU, X.; YAN, S.; CHANG, Q.; ZHAO, Y. Prevalence and associated factors of depression and anxiety among doctoral students: the mediating effect of mentoring relationships on the association between research self-efficacy and depression/anxiety. **Psychology Research and Behavior Management**, v. 12, n. 1, p. 195-208, 2019.

MACHADO, A. M. N.; BIANCHETTI, L. Orientações de teses e dissertações: individual e/ou coletiva? Contextos e transformações nos 40 anos da Pós-graduação stricto sensu no Brasil. **Anais...** 29ª Reunião Anual da Associação Nacional de Pós-Graduação e Pesquisa em Educação, Caxambu, Brasil, p. 1-15, 2006.

MASSI, L.; GIORDAN, M. Formação do orientador de pesquisas acadêmicas: um estudo bibliográfico nacional e internacional. **Revista Brasileira de Pós-Graduação**, v. 14, p. 1-19, 2017.

MCCALLIN, A.; NAYAR, S. Postgraduate research supervision: a critical review of current practice. **Teaching in Higher Education**, v. 17, n. 1, p. 63-74, 2012.

MELO, G. F.; PIMENTA, S. G. Socialização profissional de docentes na universidade: contribuições teóricas para o debate. **Revista Linhas**, Florianópolis, v. 20, n. 43, p. 51-77, 2019.

MINAYO, M. C. S. O desafio da pesquisa social. In: MINAYO, M. C. S. (org.) **Pesquisa social**: teoria, método e criatividade. 34ª ed. Petrópolis, RJ: Vozes, p. 9-29, 2015.

MOITA, F. M. G. S. C.; ANDRADE, F. C. B. Ensino-pesquisa-extensão: um exercício de indissociabilidade na pós-graduação. **Revista Brasileira de Educação**, v. 14, n. 41, p. 269-293, 2009.

RECEPUTI, C. C.; PEREIRA, T. M.; REZENDE, D. B. Experimentação no Ensino de Ciências: relação entre as concepções de estudantes e professores sobre Ciências e as atividades experimentais. **Crítica Educativa**, v. 6, p. 1-25, 2020.

RECEPUTI, C. C.; VOGEL, M.; REZENDE, D. B. Research Advisor-Advisee Relationships on Graduate Programs: A Bibliographic Survey. **IOSTE Letters**, v. 1, n. 2, p. 263-271, 2021. Disponível em: https://drive.google.com/file/d/1NWgraltqEb1_trL_9RAEqQA4ntFMrL8-/view?fbclid=IwAR3r5GsehIp1wgHTO-BS18bY42X_eQ0U-IndA_a8RdUKqMEXYV79NuN-O90. Acesso em: 15 mai 2022.

ROSS-SHERIFF, F., BERRY EDWARDS, J.; ORME, J. Relational mentoring of doctoral social work students at historically Black colleges and universities. **Journal of Teaching in Social Work**, v. 37, p. 55-70, 2017.

TAYLOR, S. E. Changes in doctoral education: implications for supervisors in developing early career researchers. **International Journal for Researcher Development**, v. 3, n. 2, p. 118-138, 2012.

ZABALZA, M. A. **O Ensino Universitário**: seu cenário e seus protagonistas. Trad. Ernani Rosa. Porto Alegre: Artmed, 2004.

Notas

1   O site da Revista foi criado ainda em 2019 <https://sites.usp.br/revistabalburdia/>. Semestralmente realizamos a publicação de um novo volume, também realizamos uma Oficina de Divulgação Científica gratuitamente a cada semestre. O e-mail de contato da revista é: balburdia.piec@gmail.com.

2   Caso queira entrar em contato com os membros da Comissão Pró-Cotas PIEC-USP para tirar eventuais dúvidas, segue o e-mail de contato: procotaspiec@gmail.com.

6

Prazeres e dores de um evento não convencional:
ecos e efeitos de lidar com temas polêmicos

Bruna Garcia da Cruz Canellas

Érika Ferreira

Igor Vinicius Lima Valentim

Mariana Maia Moreira

Millena Cristina Quadros

Suziane de Oliveira dos Santos Gonçalves

Desde as primeiras reuniões, nós, enquanto integrantes da comissão organizadora do Estratégias na Pós, começamos a escrever pequenos trechos sobre o processo de tirar do papel e lançar ao público um evento com a nossa cara: do jeito que queríamos, com um assunto que nos motivava e fazia parte do nosso cotidiano, enquanto pessoas que experienciavam a Pós-Graduação.

Esse exercício nos fez perceber que não seria tão simples lidar com a temática que propúnhamos: desafios e estratégias no Mestrado e no Doutorado. Mesmo assim, enveredamos pelo novo, pelo desconhecido.

Queríamos retirar da marginalidade e colocar em evidência aquilo que já tínhamos escutado "falar-se sobre" nos corredores dos Programas de Pós-Graduação (PPG). Estávamos agarrados à necessidade de dialogar sobre as vivências e estratégias de "sobrevivência" nos PPGs. Precisávamos ouvir. Escutar. Promover encontros.

Mesmo com uma tentativa de censura do evento e outras tantas tretas que perpassaram esta comissão organizadora, persistimos e resistimos. Mas o incômodo estava ali - como aquela pulga que fica atrás da orelha - e nada melhor do que o incômodo para um pesquisador.

- "Vamos fazer uma mesa redonda?"

- "Sobre qual temática?"

- "Vamos falar sobre a nossa experiência enquanto comissão organizadora!"

A partir dos pequenos trechos que fomos escrevendo a respeito da experiência de organizar o evento, decidimos realizar a mesa redonda intitulada: Prazeres e dores de um evento não convencional: ecos e efeitos de lidar com temas polêmicos, que se encontra disponível integralmente no YouTube (CANELLAS et al, 2021). A proposta da mesa consistiu em separar um momento do encontro para partilhar nossas impressões, expectativas e desafios vividos enquanto comissão organizadora. Ou seja, buscamos compartilhar os bastidores, o processo de organização, os desafios enfrentados, discutindo coisas que, às vezes, ficam distantes do público de um evento.

Estruturamos a conversa com base nos eixos:

- cafetinagem acadêmica;
- polêmicas internas e externas;
- adesão ao evento: expectativas x realidade;
- aprovação e reprovação dos trabalhos;

- dificuldades na desconstrução;
- construção conjunta: horizontalidade do processo.

Durante a mesa redonda, cada membro da comissão organizadora realizou uma fala de aproximadamente dez minutos. Após essas considerações, os últimos vinte minutos de discussão foram reservados para debates, sugestões, explicações e provocações – que não inserimos neste capítulo.

A seguir, apresentamos um texto-conversa inspirado em nossas falas, na tentativa de clarificar o quanto é difícil abordar determinados temas na Pós-Graduação, mas, ao mesmo tempo, o quanto pode ser prazeroso trabalhar com pessoas comprometidas e engajadas.

Sobre o funcionamento do evento

Igor: Organizar esse Encontro, pra nós, foi uma tentativa de fugir de um evento tradicional. A gente não quis um evento com experts. Não quisemos uma abertura com ninguém famoso: não teve diretor de instituição, não teve reitor, não teve professor especialista "bambambam", não teve convidado X, P, T, O. Não teve isso. Porque, pra nós, o mais importante era a discussão do tema, dos assuntos, das questões, das nossas histórias, dos desafios e das estratégias que todos os participantes, muito gentil, corajosa e ousadamente, compartilharam conosco e com os demais.

Separamos algumas questões, provocações, e afetações para refletirmos enquanto comissão organizadora. Meio que uma meta-análise. Analisar a própria construção do evento. Então, foi a partir desse exercício que nos perguntamos: com que prazeres e dores a gente teve de lidar na construção do evento em si? Selecionamos alguns pontos que dialogavam com o tema do Encontro e com o que esperávamos produzir com ele.

Cafetinagem acadêmica e censura ao evento

Igor: Gostaria que dois temas fossem compreendidos como forma de puxar assunto: cafetinagem acadêmica e censura ao Encontro.

Desde o site inicial do evento, colocamos alguns tópicos, que seriam exemplos de temas para suscitar trabalhos. E deixamos todos os interessados abertos para submeterem resumos desses e de outros temas, que fossem da vivência, da experiência, dos desafios e das estratégias que enfrentaram e construíram no âmbito de seus Mestrados e Doutorados.

Um desses temas-exemplo parece ter causado um certo "disse-me-disse" dentro de um espaço em que estou vinculado atualmente: o conceito da cafetinagem acadêmica.

Então, a cafetinagem acadêmica causou um certo rebuliço, algum tipo de problema para nós, da comissão organizadora. Sobre isso, primeiro eu vou falar rapidamente sobre o que chamo de cafetinagem acadêmica, ou seja, sobre o conceito em si, para depois concluir com uma situação real que o evento enfrentou ligada a esse conceito.

Não fui eu que inventei o conceito da cafetinagem. A cafetinagem acadêmica é inspirada no conceito de cafetinagem trazido pela Suely Rolnik, socióloga e professora titular da PUC de São Paulo, desde 2006 (ROLNIK, 2006). Ela cunhou o termo "geopolítica da cafetinagem". Suely diz que a geopolítica da cafetinagem tem a ver com pessoas ligadas ao ramo da arte, progressistas, que tinham severas críticas às questões que enfrentavam - principalmente com relação à lógica capitalista - e que estas pessoas, depois que ganharam fama e foram mais reconhecidas, passaram a reproduzir as práticas que inicialmente criticavam. Estou resumindo muito, é claro. Por que ela chama isso de "cafetinagem"?

A cafetinagem tem a ver com produzir desejos, modos de ser, modos de estar, modos de viver, de trabalhar, ou seja, com a produção de subjetividades. Mais especificamente, a cafetinagem tem a ver com uma coisa que ela chama de "feitiço da sedução" (ROLNIK, 2006), a gente não está falando de pessoas que agem de determinadas formas, e que nutrem certos comportamentos, devido a alguma imposição, ou a uma violência visível, por exemplo. Não! A gente está falando de uma sedução. Onde e como opera esta sedução? A partir do momento em que as pessoas são seduzidas pelas imagens de sucesso que o sedutor lhes apresenta. E então elas desenvolvem um desejo de fazer parte, de ter acesso, de pertencer ao mundo do sedutor.

Transportando, agora, a "geopolítica da cafetinagem" (ROLNIK, 2006), para a "cafetinagem acadêmica", ora, no mundo acadêmico, isto me pareceu algo extremamente cotidiano. Resumidamente, o que é a cafetinagem acadêmica? Precisamos fazer um exercício de nos questionarmos sobre quais são as nossas imagens de sucesso. O que é ser um acadêmico de sucesso? E quando nós criticamos determinadas práticas, mas depois, seduzidos a entrar neste mundo, a gente passa a fazer o que uma vez criticamos? Seduzidos. Não foi ninguém que nos obrigou. Não foi ninguém que esfregou um regulamento na nossa cara. Não foi ninguém que ameaçou a gente. Fomos nós, que seduzidos pelo desejo de fazer parte de determinados mundos, atingir determinadas imagens de sucesso, voluntariamente nos entregamos à sedução que opera em nós.

Algumas pessoas se sentiram extremamente incomodadas quando acessaram o site do evento e viram este termo - cafetinagem acadêmica - como uma das possíveis temáticas para a submissão de trabalhos. Mas por que esse incômodo? Não sei. Confesso a vocês que não sei.

O primeiro texto escrito sobre cafetinagem acadêmica, por mim, foi publicado em 2016 (VALENTIM, 2016), numa revista da Universidade Estadual do Rio de Janeiro (UERJ) e está lá desde então. Ele já foi citado algumas vezes, mas nunca parece ter despertado grande atenção, crítica, revolta ou algo parecido. Há também dois textos em inglês sobre o conceito (VALENTIM, 2017; VALENTIM, 2018a) e um em português (VALENTIM, 2018b), bem como um livro dedicado a maior aprofundamento (VALENTIM, 2022). Mas, ao longo do processo de organização deste evento, parece que incomodou algumas pessoas. E como a gente ficou sabendo que a cafetinagem acadêmica incomodou algumas pessoas?

Este Encontro, dizendo isto de uma forma elegante, sofreu uma possível tentativa de censura, em alguma medida, talvez. E como isso se materializou? Na página do evento colocamos nossas filiações institucionais: estávamos vinculados à Universidade Federal do Rio de Janeiro (UFRJ), à Universidade Federal Fluminense (UFF), e à Universidade de Lisboa (ULISBOA). No âmbito dessas, a dois PPGs. E justamente em uma reunião em um desses PPGs, eu fui informado que uma outra professora do PPG, anônima, já que não me falaram seu nome, se sentiu muito incomodada quando viu esse termo "cafetinagem acadêmica" sendo divulgado no evento, junto com os nomes das universidades mencionados no site. Essa pessoa pediu que a organização do evento fosse levada para ser discutida, votada e aprovada em colegiado.

Ora, mas o que que este evento teve de apoio dessas universidades? Nada. E desse PPG? Zero. E dessa professora anônima? Nadinha. Quantos reais esta comissão organizadora recebeu dessas universidades? Zero reais. Quantos euros? Zero. Dólares? Zero. Quanto apoio em termos de divulgação nós recebemos? Zero. Quanto apoio nós recebemos em força de trabalho? Zero.

Ainda assim, como acima explicado, uma colega professora, em um PPG inserido em área temática considerada progressista, se sentiu incomodada pelo fato de aparecerem os nomes do PPG e da universidade no site do evento, juntamente ao conceito da cafetinagem acadêmica, e quis que a própria organização do Encontro fosse votada e deliberada.

Quando eu tomei conhecimento do assunto, neguei terminantemente fazer qualquer alteração no site do evento, e disse que, caso fosse necessário, discutiríamos, sim, o assunto em reunião de colegiado do PPG.

Feliz ou infelizmente, aí fica ao critério de cada um a interpretação, esse caso não foi adiante. Não havia o que ser deliberado sobre a organização deste evento, por milhões de motivos. A coordenação do PPG não aceitou levar a reclamação da professora para o Colegiado. É interessante ressaltar que nenhuma professora, ao longo da reunião de Colegiado, mencionou algo relacionado ao Encontro e, portanto, sua identidade permaneceu, ao menos para nós, anônima. A organização de um evento científico faz parte da liberdade acadêmica e é uma verdadeira urgência que temas como os deste nosso Encontro sejam mais debatidos e discutidos. O caso da possível tentativa de censura em questão, portanto, não foi para frente, mas houve esse movimento nos bastidores.

Polêmicas internas e externas

Os conflitos em torno da cafetinagem acadêmica e outros temas tidos como polêmicos não pararam por aí. Também enfrentamos divergências internas na própria organização do evento.

Mariana: No site do 1º Encontro Brasileiro sobre Estratégias na Pós-Graduação: desafios e estratégias no Mestrado e Doutorado, no segundo parágrafo do texto inicial escrevemos assim:

"No Mestrado e no Doutorado são muitos os desafios para estudantes, professores e técnicos. Cafetinagem acadêmica, ameaças, assédios, alegrias, sonhos, status, questões ligadas à autoria de textos, trabalhos...".

Sendo assim, citamos várias questões que poderiam ser abordadas pelos interessados em submeter trabalhos para o evento.

É sempre importante frisar que organizamos o Encontro juntos. Pensamos juntos. Definimos coletivamente gravar um vídeo para servir de apresentação e divulgação, explicando alguns detalhes e motivações.

- "O que a gente vai colocar no vídeo?"

- "Ah, vamos colocar o que está escrito na página!"

Perguntaram-me se eu poderia editar o vídeo. Aceitei. Fizemos da seguinte forma: cada pessoa da comissão organizadora do evento gravaria um vídeo com base em um parágrafo desse mencionado texto, que estava lá na página inicial do evento. Gravamos e eu editei.

Uma das pessoas que estava na comissão organizadora foi falar com o Igor que estava se sentindo muito incomodada com o vídeo que gravou, porque ela falava sobre o conceito da cafetinagem acadêmica e outros exemplos de temas que poderiam ser abordados nas submissões do evento.

Agora, por que ela falou apenas com o Igor se o evento foi todo elaborado coletivamente? Trabalhamos juntos para que esse evento acontecesse, e de uma forma bem horizontal. Não tinha ninguém superior ou inferior. Ela tinha que ter colocado pra todo mundo o incômodo dela e, de preferência, antes do vídeo ser editado, porque quem edita um vídeo sabe que isso dá muito trabalho.

- "Mari, queria te pedir uma coisa... você pode tirar essa parte do vídeo, regravar, reeditar?"

- "Beleza".

Regravei o vídeo. Reeditei. Não vou dizer que eu fiquei contente, porque eu não fiquei. Foi trabalho em dobro. Fiquei bem chateada e falei que precisávamos marcar uma reunião. Para mim, a pessoa ficou com medo de sofrer algum tipo de censura da/na Academia. No entanto, se ela não quer gravar um vídeo, não quer se expor, não quer falar sobre temas delicados, não tem que estar na organização de um evento como este.

Aí vem toda a questão: "mas como é que a gente vai falar pra pessoa sair da organização do evento?" Marcamos uma reunião com todos os membros da comissão organizadora para conversarmos sobre esta polêmica que assolava o grupo. Igor e Suzi foram bem políticos, pontuais e falaram que: se alguém estava se sentindo incomodado com o evento, talvez fosse melhor participar em outra edição do Encontro. Primeiro ver como ia acontecer, para depois decidir se queria participar de um próximo. No fim das contas, a pessoa sequer apareceu no evento.

O Estratégia na Pós 2021, desde o início, desde ser pensado, antes de ser divulgado, já trouxe essa carga pra gente. Percebemos o quanto é complicado tocar em temas marginalizados, desafiadores e polêmicos dentro da Academia.

Sobre aprovação e reprovação de trabalhos

Suziane: A experiência de organizar este evento foi importante. Por quê? Porque, pra mim, a leitura dos resumos submetidos e a decisão conjunta de qual seria aprovado foram experiências desafiadoras e muito democráticas.

Esse processo foi feito com muito cuidado. Fizemos por etapas, para que pudéssemos apreciar os textos com atenção.

- "Você não gostou? Por quê?"
- "O que você viu?"
- "E você?"
- "Tem como melhorar o trabalho?"

A gente fez uma parte, marcou uma data, discutiu os resumos submetidos. Tivemos discordâncias. Então votamos para decidir quais seriam aprovados: as decisões consideraram não apenas o tema, mas sobretudo as estratégias desenvolvidas pelos autores.

As vivências trazidas nos resumos submetidos foram diversas. Algumas não foram tão bem explicadas, ainda que muito relevantes. Então era preciso ler, entender os desafios vivenciados e as estratégias construídas para lidar com eles. A primeira etapa era a avaliação exclusiva dos resumos. Só após a aprovação desses é que seria feito o vídeo pelos autores cujos trabalhos fossem aprovados.

Tivemos o compromisso e a preocupação de enviar pareceres individuais aos autores dos resumos que não foram aprovados. Nesses pareceres incluímos avaliações que julgávamos serem construtivas.

Lembrei de uma situação que já vivenciei. Eu já paguei caro para participar de eventos e sequer recebi um parecer após a reprovação de um trabalho. Por que foi recusado? A resposta não me foi dada.

Após enviarmos os pareceres para todos os autores, aprovados e reprovados, recebemos um feedback dentre as submissões não selecionadas para a apresentação. A mensagem dizia:

> *"Agradeço o retorno do parecer. Para mim ele reflete a Academia brasileira. Muito mais preocupada com os textos coesos do que com a experiência, a vivência, a realidade, e como podemos influenciar positivamente as outras pessoas".*

Isso marcou pra mim porque era exatamente o oposto do que a gente tentou fazer. Eu fiquei refletindo porque recusas, em algumas pessoas, geram determinados sentimentos: todos nós, de alguma forma, em algum momento, teremos trabalhos recusados. Reconhecer as nossas fragilidades é desafiador. Mas é importante olhar para além delas e buscar onde podemos avançar. Precisamos nos preparar para aprovações e também para as inúmeras reprovações que são inerentes ao processo da nossa formação.

Eu queria falar pra vocês que a gente precisa, sim, se preocupar com um evento acadêmico, em como produzi-lo, em como materializá-lo, em como tornar concreto o que a gente está pensando para ele. Não é fácil, é um exercício.

Construção conjunta: horizontalidade do processo

Érika: Tentamos organizar o evento de forma horizontal, apesar da hierarquia que vivenciamos na academia e na sociedade como um todo. Por tratar de temas pouco discutidos, consideramos que este não foi um evento padrão. Da mesma forma, a proposta de organização de todo o processo fugiu de ditames tradicionais: não existiu um chefe e seus serventes que o obedeciam, como costuma acontecer. Trabalhamos com horizontalidade. Isso fez com que o evento também saísse dessa convencionalidade.

No meu entendimento, essa construção coletiva foi muito prazerosa. Foi algo de muito aprendizado e, como a Suzi colocou, a gente teve um comprometimento grande com tudo o que estava sendo realizado. Lemos cada resumo, assistimos a cada vídeo, e tomamos todas as decisões de forma coletiva.

Não havia um coordenador do evento e isso causou estranhamentos. Parecia existir, para muitas pessoas, a expectativa de ter uma figura centralizada de coordenador, de chefe. Todos nós desempenhamos as mesmas tarefas e lidamos com as mesmas responsabilidades. Por que uma comissão organizadora horizontal é questionada ou estranhada?

Em nenhum momento dissemos que se tratava de um evento exclusivo para alunos, para os pós-graduandos. Mas reparamos que houve pouca participação de professores de PPGs. Em futuras edições, parece interessante podermos ouvir mais a respeito de quais são as suas dores, desafios e estratégias enquanto docentes da Pós-Graduação.

Para sintetizar, um dos grandes prazeres para mim foi realizar este evento de forma coletiva, com uma organização horizontalizada, onde todos fizeram parte da comissão organizadora. E a dor, pelo menos o que ficou, foi perceber o desmerecimento de alguns para com o evento, como se algo organizado por estudantes fosse motivo de demérito, ainda que contássemos com um professor de um PPG nesse coletivo.

Dificuldades de desconstrução

Millena: A reflexão que a gente foi traçando, cada um com seu panorama, seu ponto de vista, para mim ecoou nessa dificuldade de desconstrução da autocrítica, de olhar para dentro. Porque perceber as próprias limitações é um processo doloroso e, no geral, a gente não quer sentir dor.

Uma questão que surgiu foi: como essa desconstrução se materializa na nossa fala, na nossa escrita, na nossa produção? Como que, mesmo quando a gente está com vontade, com disposição de pular de cabeça num evento que tem uma proposta de tocar em assuntos polêmicos, de andar numa área espinhosa, mesmo assim a gente se limita?

"Ahh no meu texto eu vou falar, vou quebrar o pau, vou colocar aquela coisa sofrida que eu vivi..."

Na hora de escrever, de gravar, cadê que o negócio sai? E o medo de aparecer em algum lugar, de alguém ler, alguém escutar? Porque não dá para a gente brincar de viver uma realidade paralela em que não temos amarras, não temos limitações e aspectos exteriores que interferem na nossa vida, que podem afetar nossa produção, boicotar nossa carreira. Afinal, todos aqui estão na academia com seu plano pessoal, seus objetivos. Então como a gente faz? A gente joga tudo para o alto e sai correndo?

É difícil. E refletindo sobre essas dificuldades, o que a gente encontrou? Até aqui, falamos muito sobre desafios. Sobre avaliar trabalhos, sobre elaborar pareceres, sobre se relacionar em espaços cheios de jogos de poder. No entanto, tentamos olhar para todas essas dificuldades com uma percepção menos pessimista, menos azeda. Não queremos cair num discurso de "acabou, vou jogar a toalha, isso não é pra mim".

Buscamos um olhar atento e propositivo. É isso ou entrar em uma depressão profunda. E também não confundir as dificuldades enfrentadas com falta de coragem, covardia, porque não é. É mais complexo. E a gente não quer que a mensagem seja essa, de que estamos fugindo da luta.

A desconstrução não funciona se não for em rede, se não for realizada coletivamente. E quais são as chances que a gente tem? Quais são os espaços que a gente tem efetivamente para se fortalecer? Não é todo mundo que tem essa oportunidade, que encontra esse lugar, principalmente nesses tempos remotos. Eu dei uma sorte danada de cair num grupo que me acolheu, me adotou. É isso, estamos juntos. A gente ri, a gente erra, também entra em treta. Faz parte. Mas nem todo mundo encontra as mesmas condições.

Não vou me estender porque, ao falar das dores, a gente acaba entrando num processo catártico. Mas eu gosto de andar acompanhada para pensar nesses assuntos. Acho que fica mais fácil, mais leve. E tentando achar uma companhia para essa reflexão, eu lembrei de um texto, que é uma crônica, meio poema, ou poema meio crônica, sei lá. Ele fala sobre a gente se habituar, acostumar, mesmo sem perceber. O título é "Eu sei, mas não devia". É um texto da Marina Colasanti que considero atemporal:

"*Eu sei que a gente se acostuma. Mas não devia.*

A gente se acostuma a morar em apartamentos de fundos e a não ter outra vista que não as janelas ao redor. E, porque não tem vista, logo se acostuma a não olhar para fora. E, porque não olha para fora, logo se acostuma a não abrir de todo as cortinas. E, porque não abre as cortinas, logo se acostuma a acender mais cedo a luz. E, à medida que se acostuma, esquece o sol, esquece o ar, esquece a amplidão.

A gente se acostuma a andar nas ruas e ver cartazes. A abrir as revistas e ver anúncios. A ligar a televisão e assistir a comerciais. A ir ao cinema e engolir publicidade. A ser instigado, conduzido, desnorteado, lançado na infindável catarata dos produtos.

A gente se acostuma a abrir o jornal e a ler sobre a guerra. E, aceitando a guerra, aceita os mortos e que haja números para os mortos. E, aceitando os números, aceita não acreditar nas negociações de paz. E, não acreditando nas negociações de paz, aceita ler todo dia da guerra, dos números, da longa duração.

A gente se acostuma à poluição. Às salas fechadas de ar condicionado e cheiro de cigarro. À luz artificial de ligeiro tremor. Ao choque que os olhos levam na luz natural. Às bactérias da água potável. À contaminação da água do mar. À lenta morte dos rios. Se acostuma a não ouvir passarinho, a não ter galo de madrugada, a temer a hidrofobia dos cães, a não colher fruta no pé, a não ter sequer uma planta.

A gente se acostuma a coisas demais, para não sofrer. Em doses pequenas, tentando não perceber, vai afastando uma dor aqui, um ressentimento ali, uma revolta acolá. Se o cinema está cheio, a gente senta na primeira fila e torce um pouco o pescoço. Se a praia está contaminada, a gente molha só os pés e sua no resto do corpo. Se o trabalho está duro, a gente se consola pensando no fim de semana. E se no fim de semana não há muito o que fazer a gente vai dormir cedo e ainda fica satisfeito porque tem sempre sono atrasado.

A gente se acostuma para não se ralar na aspereza, para preservar a pele. Se acostuma para evitar feridas, sangramentos, para esquivar-se de faca e baioneta, para poupar o peito. A gente se acostuma para poupar a vida. Que aos poucos se gasta, e que, gasta de tanto acostumar, se perde de si mesma" (COLASANTI, 1996, p. 9).

Adesão ao evento: expectativas x realidade

Bruna: Gostaria de iniciar falando sobre acostumar-se, sobre o quanto estamos habituados a seguir um determinado modelo. Acho que a gente deixou as submissões bastante livres para justamente não ter de reproduzir muitas limitações e "caixinhas" com as quais a gente lida dentro da academia.

Não tivemos apresentação de trabalhos ao longo do evento ao vivo. Realizamos sessões dedicadas às discussões dos trabalhos previamente apresentados nos vídeos. Queríamos dar voz às experiências vivenciadas, por vezes dolorosas, mas ao mesmo tempo também debater sobre pensar em caminhos, alternativas, estratégias, e não apenas falar das dores.

Tínhamos a expectativa de receber vídeos que explorassem outros formatos, linguagens e expressões. Mas reconhecemos o quanto é difícil romper com as amarras que cultuamos por tanto tempo em uma educação que é, majoritariamente, conservadora e limitante.

Habitar esses espaços da academia fora da caixinha é muito difícil. Fazer esse exercício de sair das caixas, dos formatos, do que naturalizamos, tentar encontrar caminhos outros, exige esforço. É desafiador encontrar uma rede de apoio que nos oriente e direcione nesse sentido.

E acho que fica até como uma dica: não se prendam às suas próprias caixinhas. Expandam um pouco, se permitam mais explorar outras formas de discutir esses assuntos que, às vezes, são tão desafiadores de colocar em palavras. Eu sei que alguns temas ficam difíceis da gente dispor e expor mas, que isso não seja um impeditivo para essas outras formas que a gente possa falar.

Experienciar um evento que nos estimula a falar sobre situações vividas na pós-graduação e compartilhar com os outros nossas dores, e também nossas estratégias, nos ajuda a ressignificar aquilo que sozinhos não conseguimos. Portanto, estar em espaços coletivos de reflexão proporciona oportunidades de troca que impulsionam o crescimento profissional e pessoal.

Referências

CANELLAS, Bruna; FERREIRA, Érika, VALENTIM, Igor Vinicius Lima et al. Prazeres e dores de um evento não convencional: ecos e efeitos de lidar com temas polêmicos. In: **1º Encontro Brasileiro sobre Estratégias na Pós-Graduação - Desafios e Estratégias no Mestrado e Doutorado** [Online], 18 out 2021. (71:14). Disponível em: https://www.youtube.com/watch?v=oza8OBI4MNg. Acesso em: 10 mar 2022.

COLASANTI, Marina. **Eu sei, mas não devia**. Rio de Janeiro: Rocco, 1996.

VALENTIM, Igor Vinicius Lima. Cafetinagem Acadêmica: Alguém tem medo de pesquisar as relações acadêmicas? **Polêm!ca**, v. 16, n. 3, p. 19-36, 2016. DOI: 10.12957/polemica.2016.25200.

VALENTIM, Igor Vinicius Lima. Academic Pimping: Is Anyone Afraid of Researching Academic Relationships?. In: PENSONEAU-CONWAY, Sandra L.; ADAMS, Tony E.; BOLEN, Derek M. (Orgs.). **Doing Autoethnography**. Rotterdam: Sense Publishers, 2017a. p. 173-184.

VALENTIM, Igor Vinicius Lima. Between Academic Pimping and Moral Harassment in Higher Education: an Autoethnography in a Brazilian Public University. **Journal of Academic Ethics**, v. 16, n. 2, p. 151-171, 2018a. DOI: 10.1007/s10805-018-9300-y.

VALENTIM, Igor Vinicius Lima. Entre naturalizações e desassossegos: educando para tolerar o intolerável? **Revista on line de Política e Gestão Educacional**, v. 22, n. 1, Esp., 2018b, p. 265-279. DOI: 10.22633/rpge.v22.nesp1.2018.10794.

VALENTIM, Igor Vinicius Lima. **Cafetinagem acadêmica, assédio moral e autoetnografia**. Rio de Janeiro: Compassos Coletivos, 2022.

Índice Remissivo

A

abertura 11, 52, 75

academia 9, 12, 24, 30, 45, 48-52, 55, 60, 80-83, 86

acadêmico 9, 19-21, 34, 60-61, 65, 67, 77, 82

acesso 11, 24, 36, 55-56, 77, 87

ações 49, 54, 66-68

acolhimento 43, 54, 57

acontecimentos 20, 27-28, 37, 54

adaptação 11, 35, 44

adoecimento 13, 60-61, 67, 69

afetos 52

agenciamentos 47-48, 55, 57

ajuda 22, 29, 31, 44, 86

alteração 78

alternativas 12, 43-44, 86

Amazônia 34-35, 37

amor 32, 38

angústias 32, 35-36, 38

ANPG 59

ansiedade 20, 24, 33

apadrinhamento 66

aprendizado 20, 35, 37, 44, 82

aprovação 10, 17, 22-23, 45, 74, 80-81

arrogância 30

arte 29, 38, 76

artigos 18, 23, 35-36, 60-61

aspereza 85

assédio 6, 87

assembleia 44, 67

atenção 45, 77, 81

aulas 19, 23, 29, 35, 53

ausência 42

autoetnografia 6, 87

autoria 79

avaliação 11, 18, 24, 60, 63, 81

B

bastidores 44, 74, 78, 101

bem-estar 43

C

cafetinagem 6, 74, 76-79, 87

caminhada 13, 31, 48, 52

caminho 7, 21, 33, 35, 41, 46, 55, 64

cansaço 31

capacidade 32, 53

carreira 17, 22, 42, 61-62, 83

censura 74, 76-78, 80

ciência 4, 22, 28, 38, 42, 45, 56, 60, 64, 66

científico 49, 51, 60, 66-68, 78

colegas 10, 27-28, 31, 35-36, 38, 41, 44, 64-67

colegiado 78

coletivo 24, 54, 57, 61, 83

colonialismo 50

comissão 11, 60, 67, 71, 73-76, 78-80, 82-83

competitividade 60-61

comprometimento 37, 82

comunidade 38, 66

conceito 47-48, 76-79

concurso 16-17, 34

conflitos 20, 60, 79

conhecimento 16-17, 28, 30, 32, 36, 38, 41, 48, 50-51, 60, 63, 65, 67, 78

consciência 12, 18, 21, 30, 60

contradições 60, 68

convivência 35

coordenação 78

coragem 12, 55, 84

corpo 9, 12, 48-49, 52-53, 56, 61, 66, 85

cotidiano 54, 56, 73, 77

Covid-19 10, 49, 99

criação 36, 53, 55, 57, 62, 66-68

criatividade 63, 70

crise 24, 57

crítica 23, 31, 64, 70, 77

cuidado 36, 49, 54-55, 57, 80

cultura 31, 34, 36, 62, 64-67

curiosidade 32

curso 10, 12, 15-17, 19, 21-23, 34-37, 41, 59, 63

D

debate 11, 67, 70

decisões 22, 81-82

defesa 10, 25, 45, 62

democracia 49

depressão 84

desafios 3, 5, 7, 9-12, 15, 18-19, 22-25, 41, 44-45, 48, 52, 57, 73-76, 79, 81, 83, 86

descaminhos 49, 54

desconstrução 75, 83-84

desejo 20, 32, 37-38, 44, 47, 53, 77

desemprego 49

desigualdades 67

desistência 15, 20-21

diálogo 37

dificuldades 12, 15, 38, 43-44, 75, 83-84

dilemas 60

discentes 7, 13, 44, 59, 61-68

disciplinas 23-24, 35, 41

discussão 10, 19, 31, 41, 52, 62-63, 65-66, 75

dissertação 20-21, 24-25, 27, 29, 34-36, 45, 49

docência 33, 66, 69

docente 61, 64, 66, 68

dores 7, 9, 13, 30, 32, 38, 52, 73-75, 83-84, 86

doutorado 11, 23-24, 31, 33-37, 42, 45, 61, 65, 67, 73, 79, 86

dúvidas 11, 13, 17, 32, 71

E

educação 6, 20-21, 25, 38, 47, 50, 55, 67, 70, 86

embate 57

emprego 17, 20, 43

encantamento 28, 42

encontros 9, 52-55, 57, 74

ensino 16, 20-22, 33, 47, 50, 55, 59, 64-67, 69-71

escolhas 11, 15, 20-21, 41

escrita 12, 18, 24-25, 28, 36, 47, 50, 63-64, 83

espírito 19, 52, 59, 99

estabilidade 17, 21

estética 50, 54, 57

estranhamento 11, 34, 47-48

estratégias 3, 5, 9-12, 24, 52, 54, 73-76, 79, 81, 83, 86

estudante 37, 62-63

estudos 6, 19, 23, 35-37, 43, 54, 56-57, 60-61, 68

ética 54-55, 57

eufemismo 49

evasão 60

evento 7, 9-13, 19, 23-25, 73-80, 82-83, 85-86

excelência 16, 50

exercício 31, 54, 70, 73, 75, 77, 82, 86

exigência 24, 49, 61

existência 7, 11, 27, 47, 49, 52-55, 57

exoneração 34

expectativas 63-64, 68, 74, 85

experiência 7, 13, 15, 20, 22, 24-25, 27-34, 36-38, 47-48, 50, 52-53, 55, 57, 65-67, 74, 76, 80-81

experimentação 70

expressão 47

F

facilidade 17, 28

fomento 61

força 47, 53, 57, 78

formação 7, 12, 17, 24, 27, 31-32, 37-38, 42-43, 47-48, 52, 54, 57, 59-62, 64-68, 70, 82

fracasso 15, 30

fragilidades 82

frustração 16

fuga 49

futuro 33, 43, 64

G

Galeano 29, 38

gênero 30, 34, 52

geopolítica 76-77

graduação 3, 5, 7, 9-10, 13, 15, 17-19, 21-22, 27-29, 32-38, 42-45, 52, 59-68, 70, 73-75, 79, 83, 86

grupo 36, 41-42, 44, 55, 59, 61-63, 65-67, 80, 84

H

hierarquia 82

história 12, 15-19, 21-23

horizontalidade 75, 82

I

ideia 16-18, 22, 44, 60, 65-66

identidade 15, 34, 45, 50, 64, 78

imaginário 52, 66

impactos 34

imposição 53, 76

impressões 66, 74

imprevisibilidade 48

incentivo 25, 44

incertezas 31-32

incômodo 74, 77, 80

indignação 31

informações 6, 25, 65

ingresso 18, 60, 67

injustiças 30

insegurança 64

instabilidade 48

instituição 43, 50, 59-60, 66, 75

intelectuais 51

intenção 29, 67

intuição 43

isolamento 49-50, 63

J

jornada 18-19, 46

L

lembrança 35, 49-50

liberdade 44, 49, 54-55, 57, 78

limitações 17, 20, 83, 85

limites 34, 37-38

lógica 48, 50-51, 66, 68, 76

M

medo 23, 50, 80, 83, 87

mestrado 11-12, 15-24, 29, 33-36, 42-45, 50, 55, 59, 61, 64-65, 67, 73, 79, 86

metodologia 62

métodos 64

micropolítica 48, 50, 52

mobilização 57

moral 6, 87

morte 49, 85

movimento 9, 16-18, 21, 33, 48-49, 57, 78

mudança 20, 35

multiplicidade 48, 57

mundo 29-30, 33, 37-38, 60, 77, 80, 84

N

narrativa 57

narraviva 53, 55, 57

necessidade 19-20, 25, 28, 30, 33-34, 37, 52, 74

O

olhar 10, 28-30, 33, 37-38, 44-45, 82-84

organização 5, 9-10, 21, 28, 67, 74, 77-80, 82-83

orientação 7, 10, 35, 37, 44, 59-65, 68

orientador 19, 36-37, 43, 59-66, 68, 70

orientadora 18, 41-43, 50

orientadores 37, 61-62, 66

P

país 7, 10-11, 18-19, 41-42, 46, 49, 67

palavras 11-12, 29, 31, 33, 47, 49, 52-53, 57, 86

pandemia 10, 31, 37, 49, 57, 99

paradoxo 48

participação 23, 59-60, 83

pensamento 17, 22, 38

permanência 34

perspectiva 15, 17, 44, 56, 63-64

pertencimento 34

pesquisa 4, 6, 17-18, 21-22, 24, 27-28, 30-31, 33, 35-38, 41-42, 44, 49, 54, 59, 61-62, 64-67, 69-70

pesquisador 17, 34, 36, 49, 61, 74

pesquisadores 11, 28, 37-38, 60, 64

poder 10, 18, 20, 25, 36, 47-48, 50-51, 53, 55, 84

polêmicas 74, 79

política 17, 21-23, 33, 49, 53, 55, 57, 59, 67

pós-graduação 3, 5, 7, 9-10, 13, 15, 17, 19, 22, 27-29, 32-38, 43-44, 52, 59-68, 70, 73-75, 79, 83, 86

pós-graduandos 25, 59, 62-63, 65-66, 82

posicionamento 22, 51-52

positivista 63

possibilidade 16, 22, 24, 43

possível 10, 21, 35, 37, 43, 53-54, 60, 63, 77-78

potência 12, 57

PPG 74, 78, 83

práticas 28, 33, 38, 57, 76-77

preocupação 35, 60, 81

presença 54, 64

pressão 63

privilégio 30

problema 21, 23, 35, 76

processo 17-18, 22, 24, 27-31, 35, 37, 47-50, 52-54, 56-57, 61-64, 66-67, 73-75, 77, 80, 82-84

produtividade 10-11, 19, 69

produtivismo 69

professor 33-34, 36, 59, 64-68, 75, 83

profissão 41

programa 4, 10, 13, 22, 34, 36, 44, 59, 62, 66-67

projeto 4, 17-18, 22, 31, 43-45, 49, 64, 67

prorrogação 61

protestos 18

prova 17-18, 22-23, 43, 45

provocações 75

proximidade 67

publicação 6, 23, 38, 66-67, 71

público 10-11, 16-19, 33-34, 47, 50, 55, 69, 73-74

Q

questionamento 20, 22, 36, 48, 50

questões 10-11, 19, 34, 65-67, 75-76, 79

R

recusa 51, 64

rede 12, 43, 62, 84, 86, 99

reflexão 31, 37, 51, 83-84, 86

reflexões 12, 34, 36-38, 60, 65

relações 7, 10-11, 13, 27-28, 36-37, 42, 48, 52-53, 59, 64-66, 68, 87

relatos 7, 15, 38, 41

reprovação 74, 80-81

resistência 12, 52, 54, 56, 67

respeito 11, 23, 25, 38, 49, 57, 74, 83

responsabilidades 82

ressentimento 85

ressignificação 7, 27

reunião 41-42, 44, 70, 77-78, 80

rotina 17, 19

suporte 50, 62

surto 15-16, 20-21

S

satisfação 19

saudade 32, 44

saúde 16, 55

sedução 76-77

segurança 55

seminário 35-36

sensação 12

sentimento 17-18, 63, 65

servidor 17, 19, 33

silenciamento 53

sobrevivência 74

socialização 12, 62, 65, 68, 70

sociedade 25, 38, 68, 82

sociopolítica 50-51, 53, 55

sofrimento 13, 21, 60, 67

solidão 12-13, 44, 60, 64, 67

sonho 7, 12, 15-16

sono 85

sorte 16, 84

stricto 9-10, 15, 17, 19, 70

subjetivação 47-48

subjetividade 12, 47-48, 50, 53, 56

sucesso 16, 51, 77

sujeição 50

T

tarefa 18-19, 28

técnicas 29, 64-65

tensão 50, 64

tentativa 15-16, 22-24, 43, 66, 74-75, 77-78

teoria 17, 35, 63, 70

tese 27, 35-36, 45, 51

titulação 60

trabalhos 10-11, 18, 23-24, 34, 36, 44-45, 74, 76-77, 79-83, 86

trajetória 12, 19, 24, 33-34, 36-37, 41, 43, 53-55, 64, 68

trama 50, 57

transformação 34, 57

tremor 85

U

universidade 6, 11, 13, 16, 18-19, 22-23, 33-35, 41-44, 52, 57, 59-61, 64-65, 67-70, 77-78

V

validação 52

verdade 17, 19, 21, 23, 51, 55

vestibular 16

viagem 43

vida 12, 15-17, 20-22, 24, 29, 32-34, 37-38, 42-43, 46, 48, 53-54, 57, 83, 85

vídeo 10-11, 79-82

violência 50, 76

vivências 12, 33-34, 68, 74, 81, 99

viver 12, 16, 32, 34, 43-44, 76, 83

voz 42, 86

vozes 51, 70

Y

youtube 74, 86

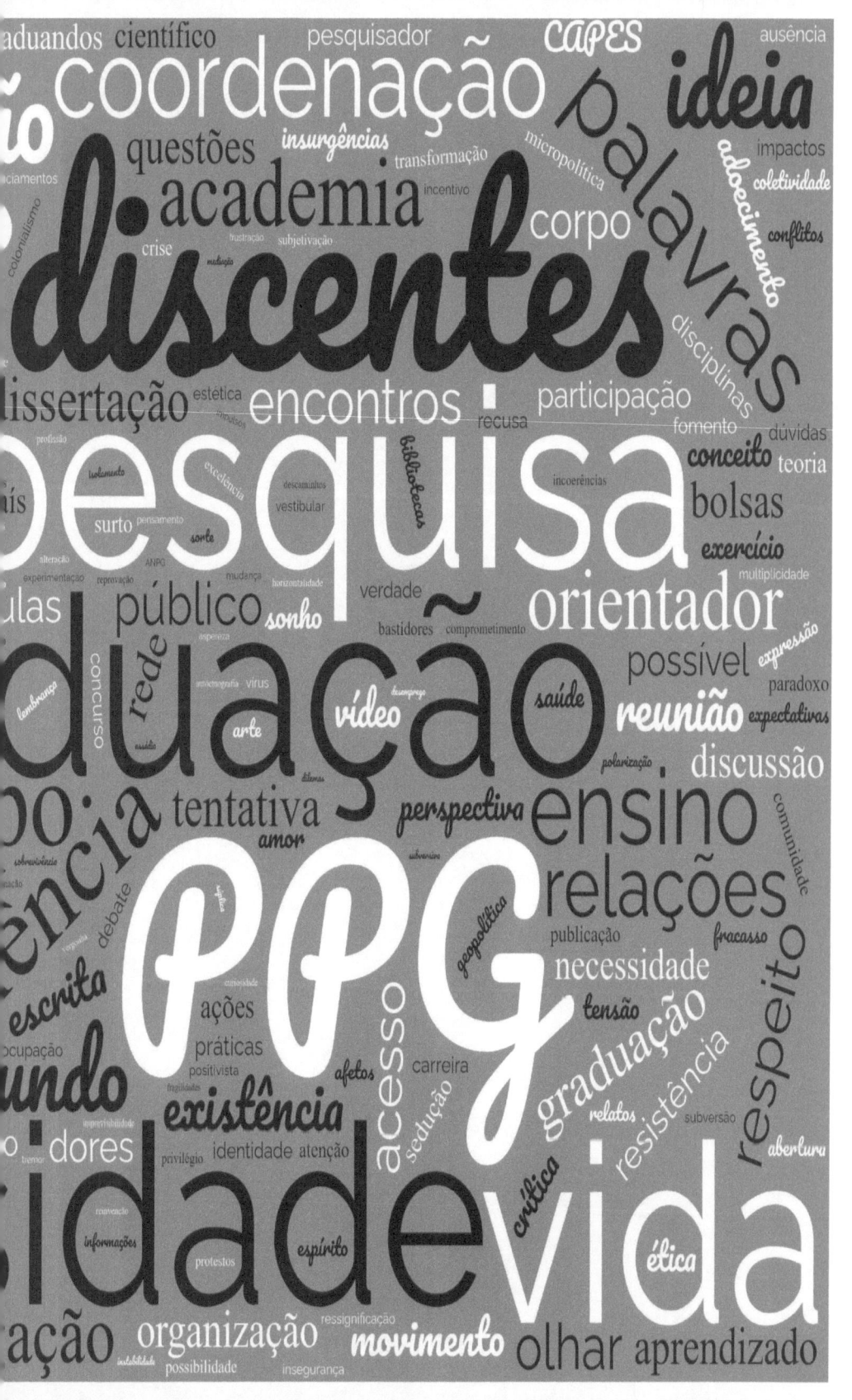

Sobre os autores

Bruna Garcia da Cruz Canellas

Bacharel e licenciada em Biologia pela Universidade Federal Fluminense (UFF). Mestra pelo Programa de Pós-Graduação em Educação também pela UFF, investigando as vivências dos professores de uma escola da rede estadual pública do Rio de Janeiro a partir da pandemia do COVID-19. Sou apaixonada por histórias nas suas diversas formas.

Caian Cremasco Receputi

Licenciado em Química pela Universidade Federal do Espírito Santo (UFES). Mestre em Ensino de Ciências (Modalidades Química) pelo Programa de Pós-Graduação Interunidades em Ensino de Ciências (PIEC-USP). Atualmente é doutorando no PIEC-USP e membro do grupo de pesquisa Linguagem no Ensino de Química (LiEQui). E-mail: caian.receputi@gmail.com

Érika Guimarães Ferreira

Professora e Psicóloga. Servidora Municipal atualmente exercendo a função de Secretária Executiva do Conselho Municipal de Educação e tutora no Polo CEDERJ Nova Friburgo nos Cursos de Pedagogia e Tecnologia em Segurança Pública e Social. Graduada em Psicologia (Licenciatura Plena, Bacharelado e Formação de Psicólogos). Especialista em Gestão Escolar e em Neurociência e Aprendizagem. Mestra em Ciências Jurídicas e Sociais na linha Políticas Públicas e Administração Institucional de Conflitos - Universidade Federal Fluminense (UFF). Doutoranda em Educação na linha Diversidade, Desigualdades Sociais e Educação (UFF).

Giovanna Reis

É paulista de nascimento, mineira de vivência e mora no Rio Grande do Sul desde 2019. Mestre em Biologia Animal pela Universidade Federal do Rio Grande do Sul, atualmente cursa seu doutorado pela mesma universidade. Apaixonada pelo mar, trilha seu caminho de um estado que não possui litoral até um que possua, estudando os seres que ali existem. Além de fazer ciência, a autora ama escrever sobre a vida. Juntando as duas paixões, ciência e escrita, nasceu o capítulo que vos é apresentado neste livro. Com os relatos apresentados sobre os desafios da Pós-graduação, a autora espera auxiliar mais alunes e, principalmente mulheres, a ocuparem mais estes lugares e fazer a diferença para alguém. E-mail: gideoliveirareis@gmail.com.

Igor Vinicius Lima Valentim

As histórias das pessoas me fascinam. Atualmente trabalho como professor na Universidade Federal do Rio de Janeiro e no Programa de Pós-Graduação em Educação da UFF. Gosto de temas polêmicos, jogados para debaixo do tapete e/ou deixados nos bastidores. Tenho trabalhado com: cafetinagem acadêmica, curiosidade, pesquisa qualitativa, autoetnografia, cartografia, metodologias ativas, universidade, transdisciplinaridade e confiança. Escrevi **Residência Solidária UFRGS**: vivência de universitários com o desenvolvimento de uma tecnologia social (Ed da UFRGS), **Economia Solidária em Portugal**: inspirações cartográficas, **When money is not above everything**: other ways of working, generating income, and living, **Metodologias ativas no ensino remoto**: uma autoetnografia e **Cafetinagem acadêmica, assédio moral e autoetnografia** (Ed Compassos Coletivos). Youtube: Experiências e Epifanias. E-mail: valentim@gmail.com

José Kennedy Lopes Silva

Doutor em Administração pela Universidade Federal de Lavras (PPGA/UFLA). Mestre em Administração pela Universidade Federal de Rondônia (PPGA/UNIR). Graduado em Administração pela Universidade do Estado de Mato Grosso (UNEMAT). Professor do Departamento Acadêmico de Administração da Universidade Federal de Rondônia, campus de Vilhena-RO (DAA-VHA/UNIR). E-mail: kennedysilv@gmail.com

Larissa da Silva Conceição

Licenciada em História pela Faculdade Saberes Ltda, em 2012. Formada em Psicologia pela Universidade Federal Fluminense (UFF), em 2019; Mestre em Educação pela Faculdade de Educação da UFF, na linha de pesquisa Linguagem, Cultura e Processos Formativos, em 2021. Pesquisa produção de subjetividade e educação.

Mariana Maia Moreira

Licenciada em Letras - Português/ Espanhol pelo Centro Universitário da Cidade; Licenciada em Pedagogia e Mestra em Educação pela Universidade Federal do Estado do Rio de Janeiro; Pós-Graduada em Filosofia Contemporânea pela Pontifícia Universidade Católica do Rio de Janeiro; Doutoranda em Educação pela Universidade Federal Fluminense. Atuou como colaboradora do Projeto de Extensão: Filosofia na Sala de Aula, na Universidade Federal do Estado do Rio de Janeiro; participa do Núcleo de Estudos e Pesquisas em Educação Superior (NEPES), na Universidade Federal Fluminense; atua como colaboradora do Projeto de Extensão: Experiências e Epifanias, na Universidade Federal do Rio de Janeiro. Tem como tema de interesse a Educação Superior. Atua como Professora da Educação Básica e Professora de forró pé-de-serra. E-mail: mmmoreira@id.uff.br; Instagram: @marimaiadanca

Millena Cristina Quadros

Mestranda em Educação pelo Programa de Pós-Graduação em Educação da Universidade Federal Fluminense (UFF). Pedagoga licenciada pela UFF. Empenhada em expor o mundo como transformável, coleciono incertezas, cultivo experiências e converso até o café esfriar. Atualmente pesquiso Educação Superior e as relações tecidas entre comunidade acadêmica e Autonomia Universitária.

Roberto da Silva Rodrigues

Roberto da Silva Rodrigues tem licenciatura em História pela Universidade Estadual de Londrina, especialização em Patrimônio e História pela mesma universidade e mestrado em História pela Universidade Estadual de Maringá. E-mail: betosocialibe@yahoo.com.br

Samanta Borges Pereira

Doutora em Administração pela Universidade Federal de Lavras (PPGA/UFLA). Mestre em Desenvolvimento, Tecnologias e Sociedade pela Universidade Federal de Itajubá (DTecS/UNIFEI). Graduada em Administração pela Universidade Federal de Viçosa (UFV). Membro do Laboratório de Estudos Transdisciplinares (LETRA/DAE/UFLA). E-mail: samantaborges81@gmail.com

Suziane de Oliveira dos Santos Gonçalves

Mestre em Educação pela Universidade Federal Fluminense (UFF). Foi bolsista do Conselho Nacional de Desenvolvimento Científico (CNPq). Pós-graduada em Leitura e Produção de Texto (UFF). Especialista em Educação nas Organizações pela Universidade Veiga de Almeida (UVA). Formada em Letras Português/Literaturas e Português/Espanhol (UFF). Atuou como professora auxiliar na disciplina Pedagogia Empresarial em 2019 (UFRJ). Participou do Núcleo de Estudos e Pesquisas em Educação Superior (NEPES/UFF) e atualmente colabora com o Projeto de Extensão Experiências e Epifanias (UFRJ). Uma das autoras dw **Metodologias Ativas no Ensino Remoto**: uma autoetnografia. Em empresas privadas, possui mais de 16 anos como Educadora Organizacional. Atuou na gestão de Recursos Humanos, com Treinamento e Desenvolvimento e com Marketing. Temas de interesse: Educação Não Escolar, Relações Acadêmicas e Ensino Superior. "Sempre pautei minhas experiências em alegria e prazer. Tanto na empresa quanto na academia acredito que podemos desenvolver um trabalho de qualidade num ambiente acolhedor". E-mail: suzianeo.goncalves@gmail.com Facebook: Suziane Gonçalves. Instagram: suziane_goncalves

www.ingramcontent.com/pod-product-compliance
Lightning Source LLC
LaVergne TN
LVHW040107080526
838202LV00045B/3809